L'AUTRE TARTUFFE,

O U

LA MÈRE COUPABLE.

AVIS DE L'IMPRIMEUR.

Le Citoyen R O N D O N N E A U, propriétaire de cette édition, la seule avouée par l'Auteur, prévient ses Concitoyens qu'il en a déposé deux exemplaires à la Bibliothèque nationale, pour lui assurer l'exercice des droits que donne la loi du 19 juillet 1793, de poursuivre *tout contrefacteur, et tout distributeur d'édition contrefaite.*

Il prévient en outre ses Concitoyens qu'il vient d'ouvrir la vente de ce qui reste des Œuvres de Voltaire, édition de Kell, *in*-8.º et *in*-12 : là première en 70 volumes, la seconde en 92 volumes, ainsi que des diverses parties qui forment le complément des exemplaires imparfaits.

On trouvera de plus au Dépôt des Lois, place du Carrousel, 1.º des exemplaires de la correspondance de Voltaire, imprimée séparément de ses œuvres, en 19 volumes *in*-8.º et en 23 volumes *in*-12 ; ces éditions particulières ont été faites pour ceux qui ont des éditions des œuvres de Voltaire antérieures à l'édition complète de Kell.

2.º De la Henriade, 1 vol. *in*-4.º

3.º De la Pucelle, 1 vol. *in*-4.º ou 2 vol. *in*-12.

4.º Du Mariage de Figaro ou la Folle Journée, 1 vol. *in*-8.º

La vente se fera au comptant. On trouvera au Dépôt le tableau des prix des différentes éditions, et les conditions du paiement, tant pour les Libraires que pour les Particuliers.

On trouvera au même Dépôt la collection de toutes les estampes ou les portions séparées de toutes les parties incomplettes qui restent à livrer.

L'AUTRE TARTUFFE,

OU

LA MÈRE COUPABLE.

DRAME EN CINQ ACTES, EN PROSE;

PAR P. A. CARON-BEAUMARCHAIS.

Remis au Théâtre de la rue Feydeau, avec des chan-gemens, et joué le 16 Floréal an V, (5 Mai 1797) par les anciens Acteurs du Théâtre Français.

On gagne assés dans les familles, quand on en expulse un méchant.

dernière phrase de la Pièce.

ÉDITION ORIGINALE.

A PARIS,

CHEZ RONDONNEAU et Compagnie, au Dépôt des Lois, place du Carrousel.

1797.

UN MOT
SUR LA MÈRE COUPABLE.

PENDANT ma longue proscription, quelques amis zélés avaient imprimé cette Pièce, uniquement pour prévenir l'abus d'une contrefaçon infidèle, furtive, et prise à la volée pendant les représentations (1). Mais ces amis eux-mêmes, pour éviter d'être froissés par les agens de la terreur, s'ils eussent laissé leurs vrais titres aux personnages espagnols, (car alors tout était péril) se crurent obligés de les défigurer, d'altérer même leur langage, et de mutiler plusieurs scènes.

Honorablement rappelé dans ma patrie, après quatre années d'infortunes, et la Pièce étant desirée par les anciens Acteurs du Théâtre français, dont on connaît les grands talens ; je la restitue en entier dans son premier état. Cette édition est celle que j'avoue.

Parmi les vues de ces artistes, j'entre dans celle de présenter, en trois séances consécutives,

---

(1) Elle fut représentée, pour la première fois, au Théâtre du Marais, le 26 Juin 1792.

tout le roman de la famille *Almaviva*, dont les deux premières époques ne semblent pas, dans leur gaîté légère, offrir de rapport bien sensible avec la profonde et touchante moralité de la dernière; mais qui, dans le plan de l'auteur, ont une connexion intime, propre à verser le plus vif intérêt sur les représentations de *la Mère coupable*.

J'ai donc pensé avec les Comédiens, que nous pouvions dire au Public : Après avoir bien ri, le premier jour, *au Barbier de Séville*, de la turbulente jeunesse *du Comte Almaviva*, laquelle est à-peu-près celle de tous les hommes :

Après avoir, le second jour, gaîment considéré, *dans la Folle journée*, les fautes de son âge viril, et qui sont trop souvent les nôtres :

Par le tableau de sa vieillesse, et voyant *la Mère coupable*, venez vous convaincre avec nous, que tout homme qui n'est pas né un épouvantable méchant, finit toujours par être bon, quand l'âge des passions s'éloigne, et surtout quand il a goûté le bonheur si doux d'être père ! c'est le but moral de la Pièce. Elle en renferme plusieurs autres que ses détails feront sortir.

Et moi, l'Auteur, j'ajoute ici : Venez juger *la Mère coupable*, avec le bon esprit qui l'a fait composer pour vous. Si vous trouvez quelque plaisir à mêler vos larmes aux douleurs, au pieux repentir de cette femme infortunée : si ses pleurs commandent les vôtres, laissez-les couler doucement. Les larmes qu'on verse au théâtre, sur des maux simulés qui ne font pas le mal de la réalité cruelle, sont douces. On est meilleur quand on se sent pleurer. On se trouve si bon après la compassion ! .

Auprès de ce tableau touchant, si j'ai mis sous vos yeux le machinateur, l'homme affreux qui tourmente aujourd'hui cette malheureuse famille ; Ah ! je vous jure que je l'ai vu agir ; je n'aurais pas pu l'inventer. Le *Tartuffe de Molière* était celui de *la religion* : aussi de toute la famille d'*Orgon*, ne trompa-t-il que le chef imbécile ! Celui-ci, bien plus dangereux, *Tartuffe de la probité*, a l'art profond de s'attirer la respectueuse confiance de la famille entière qu'il dépouille. C'est celui-là qu'il fallait démasquer. C'est pour vous garantir des piéges de ces monstres (et il en existe partout) que j'ai traduit sévèrement celui-ci sur la scène française. Pardonnez-le moi, en faveur de sa punition, qui fait la clôture de la Pièce. Ce cinquième acte m'a couté ; mais je me serais cru plus méchant que *Bégearss*, si je l'avais laissé jouir du moindre fruit de ses atrocités ; si je ne vous eusse calmés après des alarmes si vives.

Peut être ai-je attendu trop tard pour achever

cet ouvrage terrible qui me consumait la poitrine, et devait être écrit dans la force de l'âge. Il m'a tourmenté bien long-temps ! Mes deux comédies espagnoles ne furent faites que pour le préparer. Depuis, en vieillissant, j'hésitais de m'en occuper: je craignais de manquer de force ; et peut-être n'en ai-je plus à l'époque où je l'ai tenté ! mais enfin, je l'ai composé dans une intention droite et pure : avec la tête froide d'un homme, et le cœur brulant d'une femme, comme on l'a pensé de *Rousseau.* J'ai remarqué que cet ensemble, cet *hermaphrodisme* moral, est moins rare qu'on ne le croit.

Au reste, sans tenir à nul parti, à nulle secte, *la Mère coupable* est un tableau des peines intérieures qui divisent bien des familles ; auxquelles malheureusement le divorce, très-bon d'ailleurs, ne remédie point. Quoi qu'on fasse, ces plaies secrètes, il les déchire au lieu de les cicatriser. Le sentiment de la paternité, la bonté du cœur, l'indulgence en sont les uniques remèdes. Voilà ce que j'ai voulu peindre et graver dans tous les esprits.

Les hommes de lettres qui se sont voués au théâtre, en examinant cette Pièce, pourront y démêler une intrigue de comédie, fondue dans le pathétique d'un drame. Ce dernier genre, trop dédaigné de quelques juges prévenus, ne leur paraissait pas de force à comporter ces deux élémens réunis. *L'intrigue*, disaient-ils, est le propre des sujets gais, c'est le nerf de la comédie : on adapte *le pathétique* à la marche simple du drame, pour en soutenir la faiblesse. Mais ces principes hasardés s'évanouissent à l'application, comme on peut s'en convaincre en s'exerçant dans les deux genres. L'exécution plus ou moins bonne assigne à chacun son mérite ; et le mélange heureux de ces deux moyens dramatiques employés avec art, peut produire un très-grand effet ; voici comment je l'ai tenté.

Sur les antécédens connus (et c'est un fort grand avantage) j'ai fait ensorte qu'un drame intéressant existât aujourd'hui entre *le Comte Almaviva*, la Comtesse et les deux enfans. Si j'avais reporté la Pièce à l'âge inconsistant où les fautes se sont commises, voici ce qui fût arrivé.

D'abord le drame eût dû s'appeler, non *la Mère coupable*, mais *l'Epouse infidèle*, ou *les Epoux coupables :* ce n'était déjà plus le même genre d'intérêt ; il eût fallu y faire entrer des intrigues d'amour, des jalousies, du désordre, que sais-je ? de tous autres évènemens : et la moralité que je voulais faire sortir d'un manquement si grave aux devoirs de l'épouse honnête ; cette moralité, perdue, enveloppée dans les fougues de l'âge, n'aurait pas été apperçue. Mais, c'est vingt ans après que les fautes sont consommées ; quand les passions sont usées ; que leurs objets n'existent plus ; à l'instant où les conséquences d'un désordre presque oublié viennent peser sur l'établissement, sur le sort d'enfans malheureux qui les ont toutes ignorées, et n'en sont pas moins les victimes. C'est de ces circonstances graves que la moralité tire toute sa force, et devient le préservatif des jeunes personnes bien nées qui, lisant peu dans l'avenir, sont beaucoup plus près du danger de se voir égarées, que de celui d'être vicieuses. Voilà surquoi porte mon drame.

Puis, opposant au scélérat, notre pénétrant *Figaro*, vieux serviteur très-attaché ; le seul Être que le fripon n'a pu tromper dans la maison : l'intrigue qui se noue entr'eux, s'établit sous cet autre aspect.

Le scélérat inquiet, se dit : Envain j'ai le secret de tout le monde ici ; envain je me vois près de le tourner à mon profit ; si je ne parviens pas à faire chasser ce valet, il pourra m'arriver malheur !

D'autre côté, j'entends *le Figaro* : Si je ne réussis à dépister ce monstre, à lui faire tomber le masque ; la fortune, l'honneur, le bonheur de cette maison ; tout est perdu. *La Susanne* , jetée entre ces deux lutteurs, n'est ici qu'un souple instrument dont chacun entend se servir pour hâter la chûte de l'autre.

Ainsi, *la Comédie d'intrigue*, soutenant la curiosité, marche tout au travers *du Drame*, dont elle renforce l'action, sans en diviser l'intérêt qui se porte entier sur *la Mère*. Les deux enfans, aux yeux du spectateur, ne courent aucun danger réel. On voit bien qu'ils s'épouseront , si le scélérat est chassé ; car, ce qu'il y a de mieux établi dans l'ouvrage, c'est qu'ils ne sont parens à nul dégré ; qu'ils sont étrangers l'un à l'autre : ce que savent fort bien, dans le secret du cœur, le Comte, la Comtesse, le scélérat, *Susanne* et *Figaro* , tous instruits des événemens ; sans compter le Public qui assiste à la Pièce, à qui nous n'avons rien caché. Tout l'art de l'hypocrite, en déchirant le cœur du Père et de la Mère, consiste à effrayer les jeunes gens, à les arracher l'un à l'autre, en leur fesant croire à chacun qu'ils sont enfans du même père ! c'est-là le fond de son intrigue. Ainsi marche le double plan que l'on peut appeler *complexe*.

Une telle action dramatique peut s'appliquer à tous les temps, à tous les lieux où les grands traits de la nature, et tous ceux qui caractérisent le cœur de l'homme et ses secrets, ne seront pas trop méconnus.

Diderot comparant les ouvrages de *Richardson* avec tous ces romans que nous nommons l'*Histoire*, s'écrie, dans son enthousiasme pour cet auteur juste et profond : *Peintre du cœur humain ! c'est toi seul qui ne mens jamais !* Quel mot sublime ! Et moi aussi j'essaye encor d'être peintre du cœur humain : mais ma palette est desséchée par l'âge et les contradictions. *La Mère coupable* a dû s'en ressentir !

Que si ma faible exécution nuit à l'intérêt de mon plan ; le principe que j'ai posé n'en a pas moins toute sa justesse ! Un tel essai peut inspirer le dessein d'en offrir de plus fortement concertés. Qu'un homme de feu l'entreprenne, y mêlant, d'un crayon hardi, l'*intrigue* avec *le pathétique !* Qu'il broye et fonde savament les vives-couleurs de chacun ! Qu'il nous peigne à grands traits l'homme vivant en société, son état, ses passions, ses vices, ses vertus, ses fautes et ses malheurs, avec la vérité frappante que l'exagération même, qui fait briller les autres genres, ne permet pas toujours de rendre aussi fidèlement ! Touchés, intéressés, instruits, nous ne dirons plus que le *Drame* est un genre décoloré, né de l'impuissance de produire ou Tragédie, ou Comédie. L'art aura pris un noble essor; il aura fait encore un pas.

O mes Concitoyens, vous à qui j'offre cet essai! s'il vous paraît faible ou manqué; critiqués-le, mais sans m'injurier. Lorsque je fis mes autres Pièces, on m'outragea long-temps pour avoir osé mettre au théâtre ce jeune *Figaro*, que vous avez aimé depuis. J'étais jeune aussi, j'en riais. En vieillissant l'esprit s'attriste; le caractère se rembrunit. J'ai beau faire, je ne ris plus quand un méchant ou un fripon insulte à ma personne, à l'occasion de mes ouvrages : on n'est pas maître de cela.

Critiqués la Pièce : fort bien. Si l'Auteur est trop vieux pour en tirer du fruit, votre leçon peut profiter à d'autres. L'injure ne profite à personne, et même elle n'est pas de bon goût. On peut offrir cette remarque à une Nation renommée par son ancienne politesse, qui la fesait servir de modèle en ce point, comme elle est encore aujourd'hui celui de la haute vaillance.

PERSONNAGES.

LE COMTE ALMAVIVA, *grand seigneur espagnol, d'une fierté noble, et sans orgueil.*

LA COMTESSE ALMAVIVA, *très-malheureuse, et d'une angélique piété.*

LE CHEVALIER LÉON, *leur fils ; jeune homme épris de la liberté, comme toutes les âmes ardentes et neuves.*

FLORESTINE, *pupille et filleule du comte Almaviva ; jeune personne d'une grande sensibilité.*

M. BÉGEARSS, *Irlandais, major d'infanterie espagnole, ancien secrétaire des ambassades du Comte ; homme très-profond, et grand machinateur d'intrigues, fomentant le trouble avec art.*

FIGARO, *valet de chambre, chirurgien et homme de confiance du Comte ; homme formé par l'expérience du monde et des évènemens.*

SUSANNE, *première camariste de la Comtesse ; épouse de Figaro ; excellente femme, attachée à sa maîtresse, et revenue des illusions du jeune âge.*

M. FAL, *notaire du Comte ; homme exact et très-honnête.*

GUILLAUME, *valet allemand de M. Bégearss ; homme trop simple pour un tel maître.*

La Scène est à Paris, dans l'hôtel occupé par la famille du Comte, et se passe à la fin de 1790.

L'AUTRE

L'AUTRE TARTUFFE,

OU

LA MÈRE COUPABLE.

ACTE PREMIER.

Le Théâtre représente un salon fort orné.

SCÈNE PREMIÈRE.

SUSANNE, *seule, tenant des fleurs obscures, dont elle fait un bouquet.*

QUE Madame s'éveille et sonne ; mon triste ouvrage est achevé. (*Elle s'assied avec abandon.*) A peine il est neuf heures, et je me sens déjà d'une fatigue...... Son dernier ordre, en la couchant, m'a gâté ma nuit toute entière..... *Demain, Susanne, au point du jour, fais apporter beaucoup de fleurs, et garnis-en mes cabinets.---* Au portier :--- *Que, de la journée, il n'entre personne pour moi.----- Tu me formeras un bouquet de fleurs noires et rouge foncé, un seul œillet blanc au milieu......* Le voilà. -- Pauvre Maîtresse ! elle pleurait !... Pour qui ce mélange d'apprêts ? .... Eeeh ! si nous étions en Espagne, ce serait aujour-

A

d'hui la fête de son fils *Léon*.........(*avec mystère.*) et d'un autre homme qui n'est plus ! (*Elle regarde les fleurs.*) Les couleurs du sang et du deuil ! (*Elle soupire.*) Ce cœur blessé ne guérira jamais ! --- Attachons-le d'un crêpe noir, puisque c'est-là sa triste fantaisie ! (*Elle attache le bouquet.*)

SCENE II.

SUSANNE, FIGARO *regardant avec mystère.* (*Cette scène doit marcher chaudement.*)

SUSANNE.

ENTRE donc, *Figaro !* Tu prends l'air d'un amant en bonne fortune chez ta femme !

FIGARO.

Peut-on vous parler librement ?

SUSANNE.

Oui, si la porte reste ouverte.

FIGARO.

Et pourquoi cette précaution ?

SUSANNE.

C'est que l'homme dont il s'agit peut entrer d'un moment à l'autre.

FIGARO, *appuyant.*

Honoré-Tartuffe — Bégearss ?

SUSANNE.

Et c'est un rendez-vous donné. — Ne t'accoutume donc pas à charger son nom d'épithètes; cela peut se redire et nuire à tes projets.

FIGARO.

Il s'appelle *Honoré!*

SUSANNE.

Mais non pas *Tartuffe.*

FIGARO.

Morbleu!

SUSANNE.

Tu as le ton bien soucieux!

FIGARO.

Furieux! (*Elle se lève.*) Est-ce là notre convention? M'aidez-vous franchement, *Suzanne*, à prévenir un grand désordre? Serais-tu dupe encore de ce très-méchant homme?

SUSANNE.

Non; mais je crois qu'il se méfie de moi; il ne me dit plus rien. J'ai peur, en vérité, qu'il ne nous croye raccommodés.

FIGARO.

Feignons toujours d'être brouillés.

SUSANNE.

Mais qu'as-tu donc appris qui te donne une telle humeur?

FIGARO.

Recordons-nous d'abord sur les principes. Depuis que nous sommes à Paris, et que M. *Almaviva.....* (Il faut bien lui donner son nom, puisqu'il ne souffre plus qu'on l'appelle *Monseigneur*.......)

SUSANNE, *avec humeur.*

C'est beau ! et Madame sort sans livrée ! nous avons l'air de tout le monde !

FIGARO.

Depuis, disje, qu'il a perdu, par une querelle du jeu, son libertin de fils aîné, tu sais comment tout a changé pour nous ! comme l'humeur du Comte est devenue sombre et terrible !

SUSANNE.

Tu n'es pas mal bourru non plus !

FIGARO.

Comme son autre fils paraît lui devenir odieux !

SUSANNE.

Que trop !

FIGARO.

Comme Madame est malheureuse

SUSANNE.

C'est un grand crime qu'il commet !

FIGARO.

Comme il redouble de tendresse pour sa pupille *Florestine !* Comme il fait, sur-tout, des efforts pour dénaturer sa fortune !

SUSANNE.

Sais-tu, mon pauvre *Figaro !* que tu commences à radoter ? Si je sais tout cela, qu'est-il besoin de me le dire ?

FIGARO.

Encor faut-il bien s'expliquer pour s'assurer que l'on s'entend! N'est-il pas avéré pour nous que cet astucieux Ir-landais, le fléau de cette famille, après avoir chiffré, comme secrétaire, quelques ambassades auprès du Comte, s'est emparé de leurs secrets à tous? que ce profond machinateur a su les entraîner, de l'indolente Espagne, en ce pays, remué de fond en comble, espérant y mieux profiter de la désunion où ils vivent, pour séparer le mari de la femme, épouser la pupille, et envahir les biens d'une maison qui se délabre?

SUSANNE.

Enfin, moi! que puis-je à cela?

FIGARO.

Ne jamais le perdre de vue; me mettre au cours de ses démarches.

SUSANNE.

Mais je te rends tout ce qu'il dit.

FIGARO.

Oh! ce qu'il dit····· n'est que ce qu'il veut dire! Mais saisir, en parlant, les mots qui lui échappent, le moindre geste, un mouvement; c'est-là qu'est le secret de l'âme! Il se trame ici quelque horreur! Il faut qu'il s'en croye assuré; car je lui trouve un air····· plus faux, plus perfide et plus fat; cet air des sots de ce pays, triomphant avant le succès! Ne peux-tu être aussi perfide que lui? l'amadouer, le bercer d'espoir? quoiqu'il demande, ne pas le refuser?···

SUSANNE.

C'est beaucoup!

FIGARO.

Tout est bien, et tout marche au but; si j'en suis promp-
tement instruit.

SUSANNE.

···· Et si j'en instruis ma maîtresse?

FIGARO.

Il n'est pas tems encore; ils sont tous subjugués par
lui. On ne te croirait pas: tu nous perdrais, sans les sauver. Suis-le par-tout, comme son ombre···· et moi,
je l'épie au-dehors····

SUSANNE.

Mon ami, je t'ai dit qu'il se défie de moi; et s'il nous
surprenait ensemble··· Le voilà qui descend···· Ferme!
········ ayons l'air de quereller bien fort. (*Elle pose le
bouquet sur la table.*)

FIGARO, *élevant la voix.*

Moi, je ne le veux pas. Que je t'y prenne une autre
fois! ····

SUSANNE, *élevant la voix.*

Certes!····· oui, je te crains beaucoup!

FIGARO, *feignant de lui donner un soufflet.*

Ah! tu me crains! ···· Tiens, insolente!

SUSANNE, *feignant de l'avoir reçu.*

Des coups à moi ···· chez ma maîtresse?

SCENE III.

LE MAJOR BÉGEARSS, FIGARO, SUSANNE.

BÉGEARSS, *en uniforme, un crêpe noir au bras.*

Eh! mais quel bruit! Depuis une heure j'entends disputer de chez moi····

FIGARO, *à part.*

Depuis une heure!

BÉGEARSS.

Je sors, je trouve une femme éplorée····

SUSANNE, *feignant de pleurer.*

Le malheureux lève la main sur moi!

BÉGEARSS.

Ah l'horreur! monsieur *Figaro!* Un galant homme a-t-il jamais frappé une personne de l'autre sexe?

FIGARO, *brusquement.*

Eh morbleu! Monsieur, laissez-nous! Je ne suis point *un galant homme;* et cette femme n'est point *une personne de l'autre sexe:* elle est ma femme; une insolente, qui se mêle dans des intrigues, et qui croit pouvoir me braver, parce qu'elle a ici des gens qui la soutiennent. Ah! j'entends la morigéner····

BÉGEARSS.

Est-on brutal à cet excès?

A 3

FIGARO.

Monsieur, si je prends un arbitre de mes procédés
envers elle, ce sera moins vous que tout autre; et vous
savez trop bien pourquoi!

BÉGEARSS.

Vous me manquez, Monsieur; je vais m'en plaindre à
votre maître.

FIGARO, *raillant.*

Vous manquer! moi? c'est impossible.

(*Il sort.*)

SCENE IV.

BÉGEARSS, SUSANNE.
BÉGEARSS.

MON enfant, je n'en reviens point. Quel est donc le
sujet de son emportement?

SUSANNE.

Il m'est venu chercher querelle; il m'a dit cent horreurs
de vous. Il me défendait de vous voir, de jamais oser vous
parler. J'ai pris votre parti; la dispute s'est échauffée; elle
a fini par un soufflet···· Voilà le premier de sa vie;
mais moi, je veux me séparer; vous l'avez vu·····

BÉGEARSS.

Laissons cela. — Quelque léger nuage altérait ma confiance en toi; mais ce débat l'a dissipé.

SUSANNE.

Sont-ce là vos consolations?

BÉGEARSS.

Vas! c'est moi qui t'en vengerai! il est bien tems que je m'acquitte envers toi, ma pauvre *Susanne!* Pour commencer, apprends un grand secret····· Mais sommes-nous bien sûrs que la porte est fermée? (*Susanne y va voir.*) (*Il dit à part*) Ah! si je puis avoir seulement trois minutes l'écrin au double fonds que j'ai fait faire à la Comtesse, où sont ces importantes lettres·····

SUSANNE *revient.*

Eh bien! ce grand secret?

BÉGEARSS.

Sers ton ami; ton sort devient superbe. — J'épouse *Florestine;* c'est un point arrêté; son père le veut absolument.

SUSANNE.

Qui, son père?

BÉGEARSS, *en riant.*

Et d'où sors-tu donc? Règle certaine, mon enfant; lorsque telle orpheline arrive chez quelqu'un, comme pupille, ou bien comme filleule, elle est toujours la fille du mari. (*D'un ton sérieux.*) Bref, je puis l'épouser···· si tu me la rends favorable.

SUSANNE.

Oh! mais *Léon* en est très amoureux

BÉGEARSS.

Leur fils? (*froidement*) je l'en détacherai.

SUSANNE, *étonnée.*

Ha!···· Elle aussi, elle est fort éprise!

BÉGEARSS.

De lui?····

SUSANNE.

Oui.

BÉGEARSS, *froidement.*

Je l'en guérirai.

SUSANNE, *plus surprise.*

Ha ha!····· Madame qui le sait, donne les mains à leur union!

BÉGEARSS, *froidement.*

Nous la ferons changer d'avis.

SUSANNE, *stupéfaite.*

Aussi?···· Mais *Figaro*, si je vois bien, est le confident du jeune homme!

BÉGEARSS.

C'est le moindre de mes soucis. Ne serais-tu pas aise d'en être délivrée?

SUSANNE.

S'il ne lui arrive aucun mal?···

BÉGEARSS.

Fi donc! la seule idée flétrit l'austère probité. Mieux instruits sur leurs intérêts, ce sont eux-mêmes qui changeront d'avis.

SUSANNE, *incrédule.*

Si vous faites cela, Monsieur····

BÉGEARSS, *appuyant.*

Je le ferai. — Tu sens que l'amour n'est pour rien dans un pareil arrangement. (*L'air caressant.*) Je n'ai jamais vraiment aimé que toi.

SUSANNE, *incrédule.*

Ah! si Madame avait voulu····

BÉGEARSS.

Je l'aurais consolée sans doute; mais elle a dédaigné mes vœux! ····· Suivant le plan que le Comte a formé, la Comtesse va au couvent.

SUSANNE, *vivement.*

Je ne me prête à rien contre elle.

BÉGEARSS.

Que diable! il la sert dans ses goûts! Je t'entends toujours dire : *Ah! c'est un ange sur la terre!*

SUSANNE, *en colère.*

Eh bien! faut-il la tourmenter?

BÉGEARSS, *riant.*

Non; mais du moins la rapprocher de ce Ciel, la patrie des anges, dont elle est un moment tombée!······· Et puisque, dans ces nouvelles et merveilleuses lois, le divorce s'est établi····

SUSANNE, *vivement.*

Le Comte veut s'en séparer?

BÉGEARSS.

S'il peut.

S U S A N N E, *en colère.*

Ah! les scélérats d'hommes! quand on les étranglerait
tous !····

B É G E A R S S, *riant.*

J'aime à croire que tu m'en exceptes?

S U S A N N E.

Ma foi! ···· pas trop.

B É G E A R S S, *riant.*

J'adore ta franche colère : elle met à jour ton bon
cœur! Quant à l'amoureux chevalier; il le destine à voya-
ger···· long-temps. — Le *Figaro*, homme expérimenté,
sera son discret conducteur. (*Il lui prend la main.*) Et voici
ce qui nous concerne : Le Comte, *Florestine* et moi, habi-
terons le même hôtel : et la chère *Susanne* à nous, chargée de toute la confiance, sera notre surintendant, com-
mandera la domesticité, aura la grande main sur tout. Plus
de mari, plus de soufflets, plus de brutal contradicteur;
des jours filés d'or et de soie, et la vie la plus fortunée!····

S U S A N N E.

A vos cajoleries, je vois que vous voulez que je vous
serve auprès de *Florestine ?*

B É G E A R S S, *caressant.*

A dire vrai, j'ai compté sur tes soins. Tu fus toujours
une excellente femme! J'ai tout le reste dans ma main;
ce point seul est entre les tiennes. (*Vivement.*) Par exemple,
aujourd'hui tu peux nous rendre un signalé····

SUSANNE *l'examine.*

BÉGEARSS *se reprend.*

Je dis *un signalé*, par l'importance qu'il y met. (*Froidement.*) Car, ma foi! c'est bien peu de chose! Le Comte aurait la fantaisie····· de donner à sa fille, en signant le contrat, une parure absolument semblable aux diamans de la Comtesse. Il ne voudrait pas qu'on le sût.

SUSANNE, *surprise.*

Ha ha!····

BÉGEARSS.

Ce n'est pas trop mal vu! De beaux diamans terminent bien des choses! Peut-être il va te demander d'apporter l'écrin de sa femme, pour en confronter les dessins avec ceux de son joaillier····

SUSANNE.

Pourquoi, comme ceux de Madame? C'est une idée assez bisarre!

BÉGEARSS.

Il prétend qu'ils soient aussi beaux···· Tu sens, pour moi, combien c'était égal! Tiens, vois-tu? le voici qui vient.

———————

SCENE V.

LE COMTE, SUSANNE, BÉGEARSS.

LE COMTE.

Monsieur *Bégearss*, je vous cherchais.

BÉGEARSS.

Avant d'entrer chez vous, Monsieur, je venais prévenir *Susanne;* que vous avez dessein de lui demander cet écrin·····

SUSANNE.

Au moins, Monseigneur, vous sentez····

LE COMTE.

Eh! laisse-là ton *Monseigneur!* N'ai-je pas ordonné, en passant dans ce pays-ci?······

SUSANNE.

Je trouve, Monseigneur, que cela nous amoindrit.

LE COMTE.

C'est que tu t'entends mieux en vanité qu'en vraie fierté. Quand on veut vivre dans un pays, il n'en faut point heurter les préjugés.

SUSANNE.

Eh bien! Monsieur, du moins vous me donnez votre parole····

LE COMTE, *fièrement.*

Depuis quand suis je méconnu?

SUSANNE.

Je vais donc vous l'aller chercher. (*A part.*) Dame! *Figaro* m'a dit de ne rien refuser!····

SCENE VI.

LE COMTE, BÉGEARSS.

LE COMTE.

J'AI tranché sur le point qui paraissait l'inquiéter.

BÉGEARSS.

Il en est un, Monsieur, qui m'inquiète beaucoup plus; je vous trouve un air accablé····

LE COMTE.

Te le dirai-je, Ami! la perte de mon fils me semblait le plus grand malheur. Un chagrin plus poignant fait saigner ma blessure, et rend ma vie insupportable.

BÉGEARSS.

Si vous ne m'aviez pas interdit de vous contrarier là-dessus, je vous dirais que votre second fils····

LE COMTE, *vivement.*

Mon second fils! je n'en ai point!

BÉGEARSS.

Calmez - vous, Monsieur; raisonnons. La perte d'un enfant chéri peut vous rendre injuste envers l'autre; envers votre épouse, envers vous. Est-ce donc sur des conjectures qu'il faut juger de pareils faits?

LE COMTE.

Des conjectures? Ah! j'en suis trop certain! Mon grand chagrin est de manquer de preuves. -- Tant que mon pauvre fils vécut, j'y mettais fort peu d'importance. Héritier de mon nom, de mes places, de ma fortune···· que me fesait cet autre individu? Mon froid dédain, un nom de terre, une croix de Malthe, une pension, m'auraient vengé de sa mère et de lui! Mais, conçois-tu mon désespoir, en perdant un fils adoré, de voir un étranger succéder à ce rang, à ces titres; et, pour irriter ma douleur, venir tous les jours me donner le nom odieux de *son père?*

BÉGEARSS.

Monsieur, je crains de vous aigrir, en cherchant à vous appaiser; mais la vertu de votre épouse·····

LE COMTE, *avec colère.*

Ah! ce n'est qu'un crime de plus. Couvrir d'une vie exemplaire un affront tel que celui-là! Commander vingt ans par ses mœurs et la piété la plus sévère, l'estime et le respect du monde; et verser sur moi seul, par cette conduite affectée, tous les torts qu'entraîne après soi ma prétendue bisarrerie!··· Ma haine pour eux s'en augmente.

BÉGEARSS.

Que vouliez-vous donc qu'elle fît; même en la suppo-

sant

sant coupable? Est-il au monde quelque faute qu'un repentir de vingt années ne doive effacer à la fin? Fûtes vous sans reproche vous-même? Et cette jeune *Florestine*, que vous nommez votre pupille, et qui vous touche de plus près····

LE COMTE.

Qu'elle assure donc ma vengeance! Je dénaturerai mes biens, et les lui ferai tous passer. Déjà trois millions d'or, arrivés de *la Vera Crux*, vont lui servir de dot; et c'est à toi que je les donne. Aide-moi seulement à jeter sur ce don un voile impénétrable. En acceptant mon portefeuille, et te présentant comme époux, suppose un héritage, un legs de quelque parent éloigné····

BÉGEARSS, *montrant le crêpe de son bras.*

Voyez que, pour vous obéir, je me suis déjà mis en deuil.

LE COMTE.

Quand j'aurai l'agrément du Roi pour l'échange entamé de toutes mes terres d'Espagne contre des biens dans ce pays, je trouverai moyen de vous en assurer la possession à tous deux.

BÉGEARSS, *vivement.*

Et moi, je n'en veux point. Croyez-vous que, sur des soupçons···· peut-être encor très-peu fondés, j'irai me rendre le complice de la spoliation entière de l'héritier de votre nom? d'un jeune homme plein de mérite; car il faut avouer qu'il en a····

B

LE COMTE, *impatienté*.

Plus que mon fils, voulez-vous dire? Chacun le pense comme vous; cela m'irrite contre lui!....

BÉGEARSS.

Si votre pupille m'accepte; et si, sur vos grands biens, vous prélevez, pour la doter, ces trois millions d'or, du Mexique, je ne supporte point l'idée d'en devenir propriétaire, et ne les recevrai qu'autant que le contrat en contiendra la donation que mon amour sera censé lui faire.

LE COMTE *le serre dans ses bras.*

Loyal et franc ami! quel époux je donne à ma fille!...

SCENE VII.

SUSANNE, LE COMTE, BÉGEARSS.

SUSANNE.

MONSIEUR, voilà le coffre aux diamans; ne le gardés pas trop long-temps; que je puisse le remettre en place avant qu'il soit jour chez madame!

LE COMTE.

Susanne, en t'en allant, défends qu'on entre, à moins que je ne sonne.

SUSANNE, *á part.*

Avertissons *Figaro* de ceci. (*Elle sort.*

SCENE VIII.

LE COMTE, BÉGEARSS.

BÉGEARSS.

QUEL est votre projet sur l'examen de cet écrin?

LE COMTE *tire de sa poche un bracelet entouré de brillans.*

Je ne veux plus te déguiser tous les détails de mon affront; écoute. Un certain *Léon d'Astorga*, qui fut jadis mon page, et que l'on nommait *Chérubin*····

BÉGEARSS.

Je l'ai connu; nous servions dans le régiment dont je vous dois d'être major. Mais il y a vingt ans qu'il n'est plus.

LE COMTE.

C'est ce qui fonde mon soupçon. Il eut l'audace de l'aimer. Je la crus éprise de lui; je l'éloignai d'Andalousie, par un emploi dans ma légion. —-- Un an après la naissance du fils···· qu'un combat détesté m'enlève. (*Il met la main à ses yeux.*) Lorsque je m'embarquai vice-roi du *Mexique;* au lieu de rester à *Madrid*, ou dans mon palais à *Séville*, ou d'habiter *Aguas frescas*, qui est un superbe séjour; quelle retraite, Ami, crois-tu que ma femme choisit? Le vilain château d'*Astorga*, chef-lieu d'une méchante terre, que j'avais achetée des parens de ce page. C'est-là

B 2

qu'elle a voulu passer les trois années de mon absence;
qu'elle y a mis au monde···· (après neuf ou dix mois,
que sais-je?) ce misérable enfant, qui porte les traits d'un
perfide! Jadis, lorsqu'on m'avait peint pour le bracelet de
la Comtesse, le peintre ayant trouvé ce page fort joli, desira
d'en faire une étude; c'est un des beaux tableaux de mon
cabinet········

BÉGEARSS.

Oui···· (*Il baisse les yeux.*) à telles enseignes que
votre épouse····

LE COMTE, *vivement.*

Ne veut jamais le regarder? Eh bien! sur ce portrait, j'ai
fait faire celui-ci, dans ce bracelet, pareil en tout au sien,
fait par le même jouaillier qui monta tous ses diamans; je vais
le substituer à la place du mien. Si elle en garde le silence;
vous sentez que ma preuve est faite. Sous quelque forme
qu'elle en parle, une explication sévère éclaircit ma honte
à l'instant.

BÉGEARSS.

Si vous demandez mon avis, Monsieur, je blâme un
tel projet.

LE COMTE.

Pourquoi?

BÉGEARSS.

L'honneur répugne à de pareils moyens. Si quelque
hasard, heureux ou malheureux, vous eût présenté certains
faits, je vous excuserais de les approfondir. Mais tendre un
piége! des surprises! Eh! quel homme, un peu délicat,
voudrait prendre un tel avantage sur son plus mortel
ennemi?

LE COMTE.

Il est trop tard pour reculer; le bracelet est fait, le portrait du page est dedans····

BÉGEARSS *prend l'écrin.*

Monsieur, au nom du véritable honneur····

LE COMTE *a enlevé le bracelet de l'écrin.*

Ah! mon cher portrait, je te tiens! J'aurai du moins la joie d'en orner le bras de ma fille, cent fois plus dignè de le porter!···· (*Il y substitue l'autre.*)

BÉGEARSS *feint de s'y opposer. Ils tirent chacun l'écrin de leur côté; Bégearss fait ouvrir adroitement le double fond, et dit avec colère :*
Ah! voilà la boîte brisée!

LE COMTE *regarde.*
Non; ce n'est qu'un secret que le débat a fait ouvrir. Ce double fond renferme des papiers!

BÉGEARSS, *s'y opposant.*
Je me flatte, Monsieur, que vous n'abuserez point···

LE COMTE, *impatient.*
« Si quelque heureux hasard vous eût présenté certains » faits, me disais-tu dans le moment, je vous excuserais » de les approfondir »···· Le hasard me les offre, et je vais suivre ton conseil. (*Il arrache les papiers.*)

BÉGEARSS, *avec chaleur.*
Pour l'espoir de ma vie entière, je ne voudrais pas devenir complice d'un tel attentat! Remettez ces papiers, Monsieur, ou souffrez que je me retire. (*Il s'éloigne.*)

LE COMTE *tient des papiers et lit.*

BÉGEARSS *le regarde en dessous, et s'applaudit secrètement.*

LE COMTE, *avec fureur.*

Je n'en veux pas apprendre davantage; renferme tous les autres, et moi je garde celui-ci.

BÉGEARSS.

Non; quel qu'il soit, vous avez trop d'honneur pour commettre une····

LE COMTE, *fièrement.*

Une?···· Achevez; tranchez le mot, je puis l'entendre.

BÉGEARSS, *se courbant.*

Pardon, Monsieur, mon bienfaiteur! et n'imputez qu'à ma douleur l'indécence de mon reproche.

LE COMTE.

Loin de t'en savoir mauvais gré, je t'en estime davan-tage. (*Il se jette sur un fauteuil.*) Ah perfide *Rosine!*··· Car, malgré mes légèretés, elle est la seule pour qui j'aye éprouvé··· J'ai subjugué les autres femmes! Ah! je sens à ma rage combien cette indigne passion!···· Je me déteste de l'aimer!

BÉGEARSS.

Au nom de Dieu, Monsieur, remettez ce fatal papier

———————————

SCÈNE IX.

FIGARO, LE COMTE, BÉGEARSS.

LE COMTE *se lève.*

HOMME importun ! que voulez-vous?

FIGARO.

J'entre, parcé qu'on a sonné.

LE COMTE, *en colère.*

J'ai sonné? Valet curieux !····

FIGARO.

Interrogez le joaillier, qui l'a entendu comme moi?

LE COMTE.

Mon joaillier? que me veut-il?

FIGARO.

Il dit qu'il a un rendez-vous, pour un bracelet qu'il a fait.

BÉGEARSS, *s'appercevant qu'il cherche à voir l'écrin qui est sur la table, fait ce qu'il peut pour le masquer.*

LE COMTE.

Ah !···· qu'il revienne un autre jour.

FIGARO, *avec malice.*

Mais pendant que Monsieur a l'écrin de Madame ouvert, il serait peut-être à propos····

B 4

LE COMTE, *en colère.*

Monsieur l'inquisiteur! partez; et s'il vous échappe un seul mot·····

FIGARO.

Un seul mot? J'aurais trop à dire; je ne veux rien faire à demi. (*Il examine l'écrin, le papier que tient le Comte, lance un fier coup-d'œil à Bégearss et sort.*)

SCÈNE X.

LE COMTE, BÉGEARSS.

LE COMTE.

Refermons ce perfide écrin. J'ai la preuve que je cherchais. Je la tiens, j'en suis désolé; pourquoi l'ai-je trouvée? Ah Dieu! lisez, lisez, M. *Bégearss.*

BÉGEARSS, *repoussant le papier.*

Entrer dans de pareils secrets! Dieu préserve qu'on m'en accuse!

LE COMTE.

Quelle est donc la sèche amitié qui repousse mes confidences? Je vois qu'on n'est compatissant que pour les maux qu'on éprouva soi-même.

BÉGEARSS.

Quoi? pour refuser ce papier!···· (*Vivement.*) Serrez-le donc; voici *Susanne.* (*Il referme vîte le secret de l'écrin.*) *Le Comte met la lettre dans sa veste, sur sa poitrine.*

SCENE XI.

SUSANNE, LE COMTE, BÉGEARSS.

LE COMTE *est accablé.*

SUSANNE *accourt.*

L'ÉCRIN, l'écrin : Madame sonne.

BÉGEARSS *le lui donne.*

Susanne, vous voyez que tout y est en bon état.

SUSANNE.

Qu'a donc Monsieur ? il est troublé !

BÉGEARSS.

Ce n'est rien qu'un peu de colère contre votre indiscret mari, qui est entré malgré ses ordres.

SUSANNE, *finement.*

Je l'avais dit pourtant, de manière à être entendue.

(*Elle sort.*)

SCENE XII.

LÉON, LE COMTE, BÉGEARSS.

LE COMTE *veut sortir, il voit entrer Léon.*

VOICI l'autre !

LÉON, *timidement veut embrasser le Comte.*

Mon père, agréez mon respect; avez-vous bien passé la nuit?

LE COMTE, *sèchement le repousse.*

Où fûtes-vous, Monsieur, hier au soir?

LÉON.

Mon père, on me mena dans une assemblée estimable...

LE COMTE.

Où vous fîtes une lecture?

LÉON.

On m'invita d'y lire un essai que j'ai fait sur l'abus des vœux monastiques, et le droit de s'en relever.

LE COMTE, *amèrement.*

Les vœux des chevaliers en sont?

BÉGEARSS.

Qui fut, dit-on très-applaudi?

LÉON.

Monsieur, on a montré quelqu'indulgence pour mon âge.

LE COMTE.

Donc, au lieu de vous préparer à partir pour vos caravannes; à bien mériter de votre Ordre; vous vous faites des ennemis? Vous allez composant, écrivant sur le ton du jour?..... Bientôt on ne distinguera plus un gentil-homme d'un savant!

LÉON, *timidement.*

Mon père, on en distinguera mieux un ignorant d'un homme instruit; et l'homme libre, de l'esclave.

LE COMTE.

Discours d'enthousiaste! On voit où vous en voulez venir. (*Il veut sortir*).

LÉON.

Mon père!......

LE COMTE, *dédaigneux.*

Laissez à l'artisan des villes, ces locutions triviales. Les gens de notre état ont un langage plus élevé. Qui est-ce qui dit *mon père*, à la cour? Monsieur? appellez-moi *monsieur!* vous sentez l'homme du commun! Son père!.... (*Il sort; Léon le suit en regardant Bégearss qui lui fait un geste de compassion.*) Allons, monsieur *Bégearss*, allons!

FIN DU PREMIER ACTE.

ACTE II.

Le Théâtre représente la bibliothèque du Comte.

SCÈNE PREMIÈRE.

LE COMTE.

Puisqu'enfin je suis seul, lisons cet étonnant écrit, qu'un hasard presque inconcevable a fait tomber entre mes mains. (*Il tire de son sein la lettre de l'écrin, et la lit en pésant sur tous les mots*). « Malheureux insensé! notre » sort est rempli. La surprise nocturne que vous avez osé » me faire, dans un château où vous fûtes élevé, dont » vous connaissiez les détours; la violence qui s'en est » suivie; enfin votre crime, --- le mien... (*Il s'arrête*). » le mien reçoit sa juste punition. Aujourd'hui, jour de » *Saint-Léon*, patron de ce lieu et le vôtre, je viens de mettre » au monde un fils, mon opprobre et mon désespoir. » Grace à de tristes précautions, l'honneur est sauf; mais » la vertu n'est plus. ----- Condamnée désormais à des » larmes intarissables, je sens qu'elles n'effaceront point un » crime..... dont l'effet reste subsistant. Ne me voyez » jamais: c'est l'ordre irrévocable de la misérable *Rosine*... » qui n'ose plus signer un autre nom. (*Il porte ses mains*

avec la lettre à son front, et se promène)..... Qui n'ose
plus signer un autre nom !...... Ah ! *Rosine !* où est le
temps?... Mais tu t'es avilie!.... (*Il s'agite.*) Ce n'est
point là l'écrit d'une méchante femme ! Un misérable
corrupteur..... Mais voyons la réponse écrite sur la même
lettre (*Il lit*). « Puisque je ne dois plus vous voir, la vie
» m'est odieuse, et je vais la perdre avec joie dans la
» vive attaque d'un fort, où je ne suis point commandé.

» Je vous renvoie tous vos reproches; le portrait que
» j'ai fait de vous, et la boucle de cheveux que je vous
» dérobai. L'ami qui vous rendra ceci quand je ne serai
» plus, est sûr. Il a vu tout mon désespoir. Si la mort d'un
» infortuné vous inspirait un reste de pitié; parmi les noms
» qu'on va donner à l'héritier...... d'un autre plus heu-
» reux !....... puis-je espérer que le nom de *Léon* vous
» rappellera quelquefois le souvenir du malheureux.....
» qui expire en vous adorant, et signe pour la dernière
» fois, CHÉRUBIN LÉON, d'*Astorga.*

..... Puis, en caractères sanglans !........ « Blessé à
» mort, je rouvre cette lettre, et vous écris avec mon
» sang, ce douloureux, cet éternel adieu. Souvenez-
» vous......»

Le reste est effacé par des larmes..... (*Il s'agite*)...
Ce n'est point là non plus l'écrit d'un méchant homme !
Un malheureux égarement.... (*Il s'assied et reste absorbé*).
Je me sens déchiré !

SCÉNE II.

BÉGEARSS, LE COMTE.

BÉGEARSS, *en entrant s'arrête, le regarde et se mord le doigt avec mystère.*

LE COMTE.

AH! mon cher ami, venez donc!.... vous me voyez dans un accablement....

BÉGEARSS.

Très-effrayant, Monsieur; je n'osais avancer.

LE COMTE.

Je viens de lire cet écrit. Non! ce n'étaient point là des ingrats ni des monstres; mais de malheureux insensés, comme ils se le disent eux-mêmes....

BÉGEARSS.

Je l'ai présumé comme vous.

LE COMTE *se lève et se promène.*

Les misérables femmes! en se laissant séduire ne savent guères les maux qu'elles apprêtent..... Elles vont, elles vont..... les affronts s'accumulent.... et le monde injuste et léger accuse un père qui se tait, qui devore en secret ses peines!...... On le taxe de dureté, pour les sentimens qu'il refuse au fruit d'un coupable adultère!.... Nos désordres à nous, ne leur enlèvent presque rien; ne peuvent du moins leur ravir la certitude d'être mères, ce bien inestimable de la maternité! tandis que leur moindre caprice, un goût, une étourderie légère, détruit dans l'homme le bonheur..... le bonheur de toute sa vie, la sécurité d'être père. ----- Ah! ce n'est point légèrement qu'on a donné tant d'importance à la fidélité des femmes! Le bien, le mal de la société, sont attachés à leur conduite le paradis ou l'enfer des familles dépend à-tout-jamais de l'opinion qu'elles ont donné d'elles.

BÉGEARSS.

Calmez-vous; voici votre fille.

SCÈNE III.

FLORESTINE, LE COMTE, BÉGEARSS.

FLORESTINE, *un bouquet au côté.*

On vous disait, Monsieur, si occupé, que je n'ai pas osé vous fatiguer de mon respect.

LE COMTE.

Occupé de toi, mon enfant! *ma fille!* Ah! je me plais à te donner ce nom; car j'ai pris soin de ton enfance. Le mari de ta mère était fort dérangé: en mourant il ne laissa rien. Elle-même, en quittant la vie, t'a recommandée à mes soins. Je lui engageai ma parole; je la tiendrai, ma fille, en te donnant un noble époux. Je te parle avec liberté devant cet ami qui nous aime. Regarde autour de toi; choisis! ne trouves-tu personne ici, digne de posséder ton cœur?

FLORESTINE, *lui baisant la main.*

Vous l'avez tout entier, Monsieur, et si je me vois con-sultée, je répondrai que mon bonheur est de ne point changer d'état. --- M.ʳ votre fils en se mariant....... (car, sans doute, il ne restera plus dans l'ordre de Malthe aujourd'hui); M.ʳ votre fils, en se mariant, peut se sépa-rer de son père. Ah! permettez que ce soit moi qui prenne soin de vos vieux jours! c'est un devoir, Monsieur, que je remplirai avec joie.

LE COMTE.

Laisse, laisse *Monsieur* réservé pour l'indiférence; on ne sera point étonné qu'une enfant si réconnaissante me donne un nom plus doux! appelle-moi ton père.

BÉGEARSS.

Elle est digne, en honneur, de votre confidence en-tière...... Mademoiselle, embrassez ce bon, ce tendre protecteur. Vous lui devez plus que vous ne pensez. Sa tutelle n'est qu'un devoir. Il fut l'ami.....l'ami secret de votre mère.... er, pour tout dire en un seul mot....

SCÈNE

SCÈNE IV.

FIGARO, LA COMTESSE, LE COMTE, FLORESTINE, BÉGEARSS. (*La Comtesse est en robe à peigner.*

FIGARO, *annonçant.*

MADAME la Comtesse.

BÉGEARSS *jette un regard furieux sur Figaro.* (*A part*). Au diable le faquin!

LA COMTESSE, *au Comte.*

Figaro m'avait dit que vous vous trouviez mal; effrayée, j'accours, et je vois·····

LE COMTE.

·····Que cet homme officieux vous a fait encore un mensonge.

FIGARO.

Monsieur, quand vous êtes passé, vous aviez un air si défait·······heureusement il n'en est rien. (*Bégearss l'examine*).

LA COMTESSE.

Bonjour, monsieur *Bégearss*···· Te voilà, *Florestine;* je te trouve radieuse····· Mais voyez donc comme elle est fraîche et belle! Si le ciel m'eût donné une fille, je l'aurais voulue comme toi, de figure et de caractère. Il

C

faudra bien que tu m'en tiennes lieu. Le veux-tu, *Florestine?*

FLORESTINE, *lui baisant la main.*

Ah! Madame!

LA COMTESSE.

Qui t'a donc fleurie si matin?

FLORESTINE, *avec joie.*

Madame, on ne m'a point fleurie; c'est moi qui ai fait des bouquets. N'est-ce pas aujourd'hui *Saint-Léon?*

LA COMTESSE.

Charmante enfant, qui n'oublie rien! (*Elle la baise au front.*)

LE COMTE *fait un geste terrible. Bégearss le retient.*

LA COMTESSE, *à Figaro.*

Puisque nous voilà rassemblés, avertissez mon fils que nous prendrons ici le chocolat.

FLORESTINE.

Pendant qu'ils vont le préparer, Mon parrain, faites-nous donc voir ce beau buste de *Washington,* que vous avez, dit-on, chez vous.

LE COMTE.

J'ignore qui me l'envoie; je ne l'ai demandé à personne; et, sans doute, il est pour *Léon.* Il est beau; je l'ai là dans mon cabinet: venez tous.

(*Bégearss, en sortant le dernier, se retourne deux fois*

pour examiner Figaro qui le regarde de même. Ils ont l'air
de se menacer sans parler).

SCÈNE V.

FIGARO *seul, rangeant la table et les tâsses pour le*
déjeûné.

SERPENT, ou basilic! tu peux me mesurer, me lancer
des regards affreux! Ce sont les miens qui te tueront!····
Mais, où reçoit-il ses paquets? Il ne vient rien pour lui,
de la poste à l'hôtel! Est il monté seul de l'enfer?······
Quelqu'autre diable correspond! ···· et moi, je ne puis
découvrir·····

SCÈNE VI.

FIGARO, SUSANNE.

SUSANNE *accourt, regarde, et dit très-vivement à*
l'oreille de Figaro:

C'EST lui que la pupille épouse. — Il a la promesse
du Comte. — Il guérira *Léon* de son amour. — Il dé-
tachera *Florestine.* — Il fera consentir madame. — Il
te chasse de la maison. — Il cloître ma maîtresse en attendant que l'on divorce. — Fait déshériter le jeune homme,
et me rend maîtresse de tout. Voilà les nouvelles du jour.

(*Elle s'enfuit*).

C 2

SCÈNE VII.

FIGARO, *seul.*

NON, s'il vous plaît, Monsieur le Major! nous compte-
rons ensemble auparavant. Vous apprendrez de moi, qu'il
n'y a que les sots qui triomphent. Grace à l'*Arianne-Su-
son*, je tiens le fil du labyrinthe, et le Minotaure est cerné.
···· Je t'envelopperai dans tes piéges, et te démasquerai
si bien!··· Mais quel intérêt assez pressant lui fait faire une
telle école, dessère les dents d'un tel homme? S'en croi-
rait-il assez sûr pour····· La sottise et la vanité sont com-
pagnes inséparables! Mon Politique babille et se confie!
Il a perdu le coup. *Y a faute!*

SCÈNE VIII.

GUILLAUME, FIGARO.

GUILLAUME, (*avec une lettre*).

MEISSIEIR *Bégearss!* Ché vois qu'il est pas pour ici?
　　　　FIGARO, *rangeant le déjeûné.*

Tu peux l'attendre, il va rentrer.

GUILLAUME, *reculant.*

Meingoth! ch'attendrai pas Meissieïr en gombagnie té
vous! Mon maître il voudrait point, jé chure.

FIGARO.

Il te le défend? eh bien! donne la lettre; je vais la lui remettre en rentrant.

GUILLAUME, *reculant.*

Pas plis à vous té lettres! O tiable! il voudra pientôt me jasser.

FIGARO, *à part.*

Il faut pomper le sot. — Tu····viens de la poste, je crois?

GUILLAUME.

Tiable! non, ché viens pas.

FIGARO.

C'est sans doute quelque missive du Gentlemen····· du parent irlandais dont il vient d'hériter? Tu sais cela, toi, bon Guillaume?

GUILLAUME, *riant niaisement.*

Lettre d'un qu'il est mort, Meissieïr! non, ché vous prie! celui-là, ché crois pas, partié! ce sera pien plitôt d'un autre. Peut-être il viendrait d'un qu'ils sont là···pas contens, dehors.

FIGARO.

D'un de nos mécontens, dis-tu?

GUILLAUME.

Oui, mais ch'assure pas····

FIGARO, *à part.*

Cela se peut; il est fourré dans tout. (*A Guillaume.*)
On pourrait voir au timbre, et s'assurer·······

C 3

GUILLAUME.

Ch'assure pas; pourquoi? les lettres il vient chez M.
O-Connor; et puis, je sais pas quoi c'est *timpré,* moi.

FIGARO, *vivement.*

O-Connor! banquier irlandais?

GUILLAUME.

Mon foi!

FIGARO *revient à lui, froidement.*

Ici près, derrière l'hôtel?

GUILLAUME.

Ein fort choli maison, partié! tes chens très···· beaucoup grâcieux, si j'osse dire. (*Il se retire à l'écart*).

FIGARO, *à lui-même.*

O fortune! O bonheur!

GUILLAUME, *revenant.*

Parle pas, fous, de s'té banquier, pour personne; en-
tende-fous? ch'aurais pas du······ *Tertaïfle!* (*Il frappe
du pied*).

FIGARO.

Vas! je n'ai garde; ne crains rien.

GUILLAUME.

Mon maître, il dit, Meissieïr, vous âfre tout l'esprit,
et moi pas····Alors c'est chuste····Mais, peut-être ché
suis mécontent d'avoir dit à fous·····

FIGARO.

Et pourquoi?

GUILLAUME.

Ché sais pas. ---- La valet trahir, voye-fous···· L'être
un péché qu'il est parpare, vil, et même····puéril.

FIGARO.

Il est vrai; mais tu n'as rien dit.

GUILLAUME, *désolé.*

Mon Thié! Mon Thié! ché sais pas, là···quoi tire···
ou non····· (*Il se retire en soupirant.*). Ah! (*Il regarde
niaisement les livres de la bibliothèque*).

FIGARO, *à part.*

Quelle découverte! Hasard! je te salue! (*Il cherche ses
tablettes*). Il faut pourtant que je démêle comment un
homme si caverneux s'arrange d'un tel imbécille!······
De même que les brigands redoutent les réverbères····
Oui, mais un sot est un fallot; la lumière passe à travers.
(*Il dit en écrivant sur ses tablettes*): O-Connor, *banquier
irlandais.* C'est là qu'il faut que j'établisse mon noir comité
des recherches. Ce moyen-là n'est pas trop constitution-
nel; *ma! perdio!* l'utilité! Et puis, j'ai mes exemples! (*Il
écrit*). Quatre ou cinq louis d'or au valet chargé du détail
de la poste, pour ouvrir dans un cabaret chaque lettre de
l'écriture d'*Honoré-Tartuffe Bégearss.*······· Monsieur le
tartuffe honoré! vous cesserez enfin de l'être! Un dieu
m'a mis sur votre piste. (*Il serre ses tablettes*). Hasard!
Dieu méconnu! les Anciens t'appelaient Destin! nos gens
te donnent un autre nom······

SCÈNE IX.

LA COMTESSE, LE COMTE, FLO-RESTINE, BÉGEARSS, FIGARO, GUILLAUME.

BÉGEARSS *apperçoit Guillaume, et dit avec humeur en lui prenant la lettre :*

NE peux-tu pas me les garder chez moi?

GUILLAUME.

Ché crois, celui-ci, c'est tout comme. (*Il sort.*)

LA COMTESSE, *au Comte.*

Monsieur, ce buste est un très-beau morceau : votre fils l'a-t-il vu?

BÉGEARSS, *la lettre ouverte.*

Ah! Lettre de Madrid! du secrétaire du Ministre! Il y a un mot qui vous regarde. (*Il lit*). « Dites au Comte » *Almaviva*, que le courrier qui part demain, lui porte » l'agrément du Roi pour l'échange de toutes ses terres ».

FIGARO *écoute, et se fait, sans parler, un signe d'intelligence.*

LA COMTESSE.

Figaro? dis donc à mon fils que nous déjeûnons tous ici.

FIGARO.

Madame, je vais l'avertir. (*Il sort*).

SCÈNE X.

LA COMTESSE, LE COMTE, FLORESTINE,
BÉGEARSS.

LE COMTE, à Bégearss.

J'EN veux donner avis sur-le-champ à mon acquéreur.
Envoyez-moi du thé dans mon arrière-cabinet.

FLORESTINE.

Bon papa, c'est moi qui vous le porterai.

LE COMTE, bas à Florestine.

Pense beaucoup au peu que je t'ai dit. (Il la baise au
front et sort).

SCÈNE XI.

LÉON, LA COMTESSE, FLORESTINE,
BÉGEARSS.

LÉON, avec chagrin.

MON père s'en va quand j'arrive! il m'a traité avec une
rigueur·····

LA COMTESSE, sévèrement.

Mon fils, quels discours tenez-vous? dois-je me voir

toujours froissée par l'injustice de chacun ? Votre père a besoin d'écrire à la personne qui échange ses terres.

FLORESTINE, *gaiement*.

Vous regrettez votre papa? nous aussi nous le regrettons. Cependant, comme il sait que c'est aujourd'hui votre fête, il m'a chargée, Monsieur, de vous présenter ce bouquet. (*Elle lui fait une grande révérence*).

LÉON, *pendant qu'elle l'ajuste à sa boutonnière*.

Il n'en pouvait prier quelqu'un qui me rendit ses bontés aussi chères··· (*Il l'embrasse*).....

FLORESTINE, *se débattant*.

Voyez, Madame, si jamais on peut badiner avec lui, sans qu'il abuse au même instant···

LA COMTESSE, *souriant*.

Mon enfant, le jour de sa fête, on peut lui passer quelque chose.

FLORESTINE, *baissant les yeux*.

Pour l'en punir, Madame, faites-lui lire le discours qui fut, dit-on, tant applaudi hier à l'assemblée.

LÉON.

Si Maman juge que j'ai tort, j'irai chercher ma pénitence.

FLORESTINE.

Ah! Madame, ordonnez le lui.

LA COMTESSE.

Apportez-nous, Mon fils, votre discours: moi, je vais

prendre quelque ouvrage, pour l'écouter avec plus d'attention.

FLORESTINE, *gaiement.*

Obstiné! c'est bien fait; et je l'entendrai malgré vous.

LÉON, *tendrement.*

Malgré moi, quand vous l'ordonnez? Ah! *Florestine,* j'en défie!

(*La Comtesse et Léon sortent chacun de leur côté.*

SCÈNE XII.

FLORESTINE, BÉGEARSS.

BÉGEARSS, *bas.*

EH bien! Mademoiselle, avez-vous deviné l'époux qu'on vous destine?

FLORESTINE, *avec joie.*

Mon cher monsieur *Bégearss!* vous êtes à tel point notre ami, que je me permettrai de penser tout-haut avec vous. Sur qui puis-je porter les yeux? Mon parrain m'a bien dit: *regarde autour de toi; choisis.* Je vois l'excès de sa bonté: ce ne peut être que *Léon.* Mais moi, sans biens, dois-je abuser·····

BÉGEARSS, *d'un ton terrible.*

Qui? *Léon!* son fils? votre frère?

FLORESTINE, *avec un cri douloureux.*

Ah! Monsieur!·····

BÉGEARSS.

Ne vous a-t-il pas dit: appelle-moi ton père? Réveillez vous, Ma chère enfant! écartez un songe trompeur, qui pouvait devenir funeste.

FLORESTINE.

Ah! ouï; funeste pour tous deux!

BÉGEARSS.

Vous sentez qu'un pareil secret doit rester caché dans votre âme. (*Il sort en la regardant.*)

SCÈNE XIII.

FLORESTINE, *seule et pleurant.*

O Ciel! il est mon frère, et j'ose avoir pour lui··· Quel coup d'une lumière affreuse! et dans un tel sommeil, qu'il est cruel de s'éveiller! (*Elle tombe accablée sur un siége.*)

SCÈNE XIV.

LÉON, *un papier à la main,* FLORESTINE.

LÉON, *joyeux, à part.*

MAMAN n'est pas rentrée, et M. *Bégearss* est sorti: profitons d'un moment heureux. -- *Florestine!* vous êtes ce

matin, et toujours, d'une beauté parfaite ; mais vous avez
un air de joie, un ton aimable de gaieté, qui ranime mes
espérances.

FLORESTINE, *au désespoir.*

Ah *Léon!*···· (*Elle retombe*).

LÉON.

Ciel! vos yeux noyés de larmes, et votre visage défait
m'annoncent quelque grand malheur !

FLORESTINE.

Des malheurs? Ah! *Léon*, il n'y en a plus que pour
moi.

LÉON.

Floresta, ne m'aimez-vous plus? lorsque mes sentimens
pour vous····

FLORESTINE, *d'un ton absolu.*

Vos sentimens? ne m'en parlez jamais.

LÉON.

Quoi? l'amour le plus pur····

FLORESTINE, *au désespoir.*

Finissez ces cruels discours, ou je vais vous fuir à
l'instant.

LÉON.

Grand Dieu! qu'est-il donc arrivé? M. *Bégearss* vous
a parlé, Mademoiselle, je veux savoir ce que vous a dit
ce *Bégearss?*

SCÈNE XV.

LA COMTESSE, FLORESTINE, LÉON.

LÉON *continue.*

MAMAN, venez à mon secours. Vous me voyez au désespoir ; *Florestine* ne m'aime plus.

FLORESTINE, *pleurant.*

Moi, Madame, ne plus l'aimer ! Mon parrain, vous et lui, c'est le cri de ma vie entière.

LA COMTESSE.

Mon enfant, je n'en doute pas. Ton cœur excellent m'en répond. Mais de quoi donc s'afflige-t-il ?

LÉON.

Maman, vous approuvez l'ardent amour que j'ai pour elle ?

FLORESTINE, *se jetant dans les bras de la Comtesse.*

Ordonnez-lui donc de se taire ! (*En pleurant*). Il me fait mourir de douleur !

LA COMTESSE.

Mon enfant, je ne t'entends point. Ma surprise égale la sienne····· Elle frissonne entre mes bras ! Qu'a-t-il donc fait qui puisse te déplaire ?

FLORESTINE, *se renversant sur elle.*

Madame il ne me déplait point. Je l'aime et le respecte , à l'égal de mon frère; mais qu'il n'exige rien de plus.

LÉON.

Vous l'entendez, Maman! Cruelle fille! expliquez-vous.

FLORESTINE.

Laissez-moi, laissez-moi, ou vous me causerez la mort.

SCÈNE XVI.

LA COMTESSE, FLORESTINE, LÉON, FIGARO, *arrivant avec l'équipage du thé;* SUSANNE, *de l'autre côté, avec un métier de tapisserie.*

LA COMTESSE.

REMPORTE tout, *Susanne*: il n'est pas plus question de déjeûné que de lecture. Vous, *Figaro*, servez du thé à votre maître; il écrit dans son cabinet. Et toi, ma *Florestine*, viens dans le mien, rassurer ton amie. Mes chers enfans, je vous porte en mon cœur! -- Pourquoi l'affligez-vous l'un après l'autre sans pitié? Il y a ici des choses qu'il m'est important d'éclaircir. (*Elles sortent*).

SCÈNE XVII.

SUSANNE, FIGARO, LÉON.

SUSANNE, *à Figaro*.

JE ne sais pas de quoi il est question ; mais je parierais bien que c'est là du *Bégearss* tout pur. Je veux absolument prémunir ma maîtresse.

FIGARO.

Attends que je sois plus instruit : nous nous concerterons ce soir. Oh ! j'ai fait une découverte·····

SUSANNE.

Et tu me la diras ? (*Elle sort*).

SCÈNE XVIII.

FIGARO, LÉON.

LÉON, *désolé*.

AH ! Dieux !

FIGARO.

De quoi s'agit-il donc, Monsieur ?

LÉON.

Hélas ! je l'ignore moi-même. Jamais je n'avais vu *Floresta*

dᵉ

de si belle humeur, et je savais qu'elle avait eu un entretien avec mon père. Je la laisse un instant avec M. *Bégearss*; je la trouve seule, en rentrant, les yeux remplis de larmes, et m'ordonnant de la fuir pour toujours. Que peut-il donc lui avoir dit?

FIGARO.

Si je ne craignais pas votre vivacité, je vous instruirais sur des points qu'il vous importe de savoir. Mais lorsque nous avons besoin d'une grande prudence, il ne faudrait qu'un mot de vous, trop vif, pour me faire perdre le fruit de dix années d'observations.

LÉON.

Ah! s'il ne faut qu'être prudent........ Que crois-tu donc qu'il lui ait dit?

FIGARO.

Qu'elle doit accepter *Honoré Bégearss* pour époux; que c'est une affaire arrangée entre M. votre père et lui.

LÉON.

Entre mon père et lui? Le traître aura ma vie.

FIGARO.

Avec ces façons là, Monsieur, le traître n'aura pas votre vie; mais il aura votre maîtresse, et votre fortune avec elle.

LÉON.

Eh bien! Ami, pardon: apprends-moi ce que je dois faire?

FIGARO.

Deviner l'énigme du Sphinx; ou bien en être dévoré.

D

En d'autres termes, il faut vous modérer, le laisser dire, et dissimuler avec lui.

LÉON, *avec fureur.*

Me modérer!..... Oui, je me modérerai. Mais j'ai la rage dans le cœur! ---- M'enlever *Florestine!* Ah! le voici qui vient : je vais m'expliquer.....froidement.

FIGARO.

Tout est perdu si vous vous échappez.

SCENE XIX.

BÉGEARSS, FIGARO, LÉON.

LÉON, *se contenant mal.*

MONSIEUR, monsieur, un mot. Il importe à votre repos que vous répondiez sans détour. --- *Florestine* est au désespoir; qu'avez vous dit à *Florestine?*

BÉGEARSS, *d'un ton glacé.*

Et qui vous dit que je lui ai parlé? Ne peut-elle avoir des chagrins, sans que j'y sois pour quelque chose?

LÉON, *vivement.*

Point d'évâsions, Monsieur. Elle était d'une humeur charmante : en sortant d'avec vous, on la voit fondre en larmes. De quelque part qu'elle en reçoive, mon cœur partage ses chagrins. Vous m'en direz la cause, ou bien vous m'en ferez raison.

BÉGEARSS.

Avec un ton moins absolu, on peut tout obtenir de moi; je ne sais point céder à des menaces.

LÉON, *furieux.*

Eh bien! Perfide, défends-toi. J'aurai ta vie, ou tu auras la mienne! (*Il met la main à son épée*).

FIGARO *les arrête.*

Monsieur *Bégearss!* au fils de votre ami? dans sa maison? où vous logez?

BÉGEARSS, *se contenant.*

Je sais trop ce que je me dois···· Je vais m'expliquer avec lui; mais je n'y veux point de témoins. Sortez, et laissez-nous ensemble.

LÉON.

Vas, mon cher *Figaro:* tu vois qu'il ne peut m'échapper. Ne lui laissons aucune excuse.

FIGARO, *à part.*

Moi, je cours avertir son père (*Il sort*).

SCENE XX.

LÉON, BÉGEARSS.

LÉON, *lui barrant la porte.*

IL vous convient peut-être mieux de vous battre que

de parler. Vous êtes le maître du choix; mais je n'admettrai rien d'étranger à ces deux moyens.

BÉGEARSS, *froidement.*

Léon! un homme d'honneur n'égorge pas le fils de son ami. Devais-je m'expliquer devant un malheureux valet, insolent d'être parvenu à presque gouverner son maître?

LÉON, *s'asseyant.*

Au fait, Monsieur, je vous attends····

BÉGEARSS.

Oh! que vous allez regretter une fureur déraisonnable!

LÉON.

C'est ce que nous verrons bientôt.

BÉGEARSS, *affectant une dignité froide.*

Léon! vous aimez *Florestine*; il y a long-temps que je le vois··· Tant que votre frère a vécu, je n'ai pas cru devoir servir un amour malheureux qui ne vous conduisait à rien. Mais depuis qu'un funeste duel, disposant de sa vie, vous a mis en sa place, j'ai eu l'orgueil de croire mon influence capable de disposer M. votre père à vous unir à celle que vous aimez. Je l'attaquais de toutes les manières; une résistance invincible a repoussé tous mes efforts. Désolé de le voir rejeter un projet qui me paraissait fait pour le bonheur de tous····· Pardon, mon jeune ami, je vais vous affliger; mais il le faut en ce moment, pour vous sauver d'un malheur éternel. Rappelez bien votre raison, vous allez en avoir besoin. --- J'ai forcé votre père à rompre le silence; à me confier son secret.

O mon ami! m'a dit enfin le Comte: je connais l'amour de mon fils; mais puis-je lui donner *Florestine* pour femme? Celle que l'on croit ma pupille···· elle est ma fille; elle est sa sœur.

LÉON, reculant vivement.

Florestine? ····· ma sœur?····

BÉGEARSS.

Voilà le mot qu'un sévère devoir···· Ah! je vous le dois à tous deux: mon silence pouvait vous perdre. Eh bien! *Léon*, voulez-vous vous battre avec moi?

LÉON.

Mon généreux ami! je ne suis qu'un ingrat, un monstre! oubliez ma rage insensée······

BÉGEARSS, bien tartuffe.

Mais c'est à condition que ce fatal secret ne sortira jamais········ Dévoiler la honte d'un père, ce serait un crime····

LÉON, se jetant dans ses bras.

Ah! jamais.

SCENE XXI.

LE COMTE, FIGARO, LÉON, BÉGEARSS.

FIGARO, accourant.

LES voilà, les voilà.

D 3

LE COMTE.

Dans les bras l'un de l'autre! Eh! vous perdez l'esprit?

FIGARO, *stupéfait.*

Ma foi! Monsieur··· on le perdrait à moins.

LE COMTE, *à Figaro.*

M'expliquerez-vous cette énigme?

LÉON, *tremblant.*

Ah! c'est à moi, mon père, à l'expliquer. Pardon! je dois mourir de honte! Sur un sujet assez frivole, je m'étais···· beaucoup oublié. Son caractère généreux, non seulement me rend à la raison; mais il a la bonté d'excuser ma folie en me la pardonnant. Je lui en rendais grace lorsque vous nous avez surpris.

LE COMTE.

Ce n'est pas la centième fois que vous lui devez de la reconnaissance. Au fait, nous lui en devons tous.

FIGARO, *sans parler, se donne un coup de poing au front.*

BÉGEARSS *l'examine et sourit.*

LE COMTE, *à son fils.*

Retirez-vous, Monsieur. Votre aveu seul enchaîne ma colère.

BÉGEARSS.

Ah! Monsieur, tout est oublié.

LE COMTE, *à Léon.*

Allez vous repentir d'avoir manqué à mon ami, au vôtre; à l'homme le plus vertueux·····

LÉON, *s'en allant.*

Je suis au désespoir!

FIGARO, *à part, avec colère.*

C'est une légion de diables enfermés dans un seul pour-point.

SCENE XXII.

LE COMTE, BÉGEARSS, FIGARO.

LE COMTE, *à Bégearss, à part.*

MON ami, finissons ce que nous avons commencé. (*A Figaro.*) Vous, monsieur l'étourdi, avec vos belles conjectures, donnez-moi les trois millions d'or que vous m'avez vous-même apportés de *Cadix*, en soixante effets au porteur. Je vous avais chargé de les numéroter.

FIGARO.

Je l'ai fait.

LE COMTE.

Remettez-m'en le porte-feuille.

FIGARO.

De quoi? de ces trois millions d'or?

LE COMTE.

Sans doute. Eh bien! qui vous arrête?

FIGARO, *humblement.*

Moi, Monsieur?···· Je ne les ai plus.

D 4

BÉGEARSS.

Comment, vous ne les avez plus?

FIGARO, *fièrement.*

Non, Monsieur.

BÉGEARSS, *vivement.*

Qu'en avez-vous fait?

FIGARO.

Lorsque mon maître m'interroge, je lui dois compte de mes actions; mais à vous? je ne vous dois rien.

LE COMTE, *en colère.*

Insolent! qu'en avez-vous fait?

FIGARO, *froidement.*

Je les ai portés en dépôt chez M. *Fal,* votre notaire.

BÉGEARSS.

Mais de l'avis de qui?

FIGARO, *fièrement.*

Du mien; et j'avoue que j'en suis toujours.

BÉGEARSS.

Je vais gager qu'il n'en est rien.

FIGARO.

Comme j'ai sa reconnaissance, vous courez risque de perdre la gageure.

BÉGEARSS.

Ou s'il les a reçus, c'est pour agioter. Ces gens-là partagent ensemble.

FIGARO.

Vous pourriez un peu mieux parler d'un homme qui vous a obligé.

BÉGEARSS.

Je ne lui dois rien.

FIGARO.

Je le crois; quand on a hérité de *quarante mille doublons de huit*......

LE COMTE, *se fâchant.*

Avez-vous donc quelque remarque à nous faire aussi là dessus?

FIGARO.

Qui moi, Monsieur? J'en doute d'autant moins, que j'ai beaucoup connu le parent dont Monsieur hérite. Un jeune homme assez libertin; joueur, prodigue et querelleur; sans frein, sans mœurs, sans caractère; et n'ayant rien à lui, pas même les vices qui l'ont tué; qu'un combat des plus malheureux......

LE COMTE *frappe du pied.*

BÉGEARSS, *en colère.*

Enfin, nous direz-vous pourquoi vous avez déposé cet or?

FIGARO.

Ma foi, Monsieur, c'est pour n'en être plus chargé: ne pouvait-on pas le voler? que sait-on? il s'introduit souvent de grands fripons dans les maisons!......

BÉGEARSS, *en colère.*

Pourtant Monsieur veut qu'on le rende.

FIGARO.

Monsieur peut l'envoyer chercher.

BÉGEARSS.

Mais ce notaire s'en désaisira-t-il, s'il ne voit son *récépissé?*

FIGARO.

Je vais le remettre à Monsieur; et quand j'aurai fait mon devoir, s'il en arrive quelque mal, il ne pourra s'en prendre à moi.

LE COMTE.

Je l'attends dans mon cabinet.

FIGARO, *au Comte.*

Je vous préviens que M. *Fal* ne les rendra que sur votre reçu; je le lui ai recommandé. (*Il sort.*)

SCENE XXIII.

LE COMTE, BÉGEARSS.

BÉGEARSS, *en colère.*

COMBLEZ cette canaille, et voyez ce qu'elle devient! En vérité, Monsieur, mon amitié me force à vous le dire: vous devenez trop confiant; il a deviné nos secrets. De valet, barbier, chirurgien, vous l'avez établi trésorier, secrétaire; une espèce de *factotum.* Il est notoire que ce monsieur fait bien ses affaires avec vous.

LE COMTE.

Sur la fidélité, je n'ai rien à lui reprocher; mais il est vrai qu'il est d'une arrogance.....

BÉGEARSS.

Vous avez un moyen de vous en délivrer en le récompensant.

LE COMTE.

Je le voudrais souvent.

BÉGEARSS, *confidentiellement.*

En envoyant le Chevalier à Malthe, sans doute vous voulez qu'un homme affidé le surveille? Celui-ci, trop flatté d'un aussi honorable emploi, ne peut manquer de l'accepter: vous en voilà défait pour bien du temps.

LE COMTE.

Vous avez raison, mon ami. Aussi bien, m'a-t-on dit qu'il vit très-mal avec sa femme. (*Il sort.*)

SCENE XXIV.

BÉGEARSS, *seul.*

ENCORE un pas de fait!...... Ah! noble espion! la fleur des drôles! qui faites ici le bon valet, et vous voulez nous souffler la dot, en nous donnant des noms de comédie! Grace aux soins d'*Honoré-Tartuffe*, vous irez partager le malaise des caravannes, et finirez vos inspections sur nous.

FIN DU SECOND ACTE.

ACTE III.

Le Théâtre représente le cabinet de la Comtesse, orné de fleurs de toutes parts.

SCÈNE PREMIERE.

LA COMTESSE, SUSANNE.

LA COMTESSE.

JE n'ai pu rien tirer de cette enfant. -- Ce sont des pleurs, des étouffemens !..... Elle se croit des torts envers moi; m'a demandé cent fois pardon; elle veut aller au couvent. Si je rapproche tout ceci de sa conduite envers mon fils; je présume qu'elle se reproche d'avoir écouté son amour; entretenu ses espérances; ne se croyant pas un parti assez considérable pour lui. ---Charmante délicatesse ! excès d'une aimable vertu ! Monsieur *Bégearss*, apparemment, lui en a touché quelques mots qui l'auront amenée à s'affliger sur elle ! Car c'est un homme si scrupuleux, et si délicat sur l'honneur, qu'il s'exagère quelque fois, et se fait des fantômes où les autres ne voyent rien.

SUSANNE.

J'ignore d'où provient le mal; mais il se passe ici des

choses bien étranges! Quelque démon y souffle un feu secret. Notre maître est sombre à périr; il nous éloigne tous de lui. Vous êtes sans cesse à pleurer. Mademoiselle est suffoquée. Monsieur votre fils désolé!.... Monsieur *Bégearss*, lui seul, imperturbable comme un dieu! semble n'être affecté de rien; voit tous vos chagrins d'un œil sec......

LA COMTESSE.

Mon enfant, son cœur les partage. Hélas! Sans ce consolateur, qui verse un baume sur nos plaies; dont la sagesse nous soutient; adoucit toutes les aigreurs; calme mon irascible époux; nous serions bien plus malheureux!

SUSANNE.

Je souhaite, Madame, que vous ne vous abusiez pas!

LA COMTESSE.

Je t'ai vue autrefois lui rendre plus de justice! (*Susanne baisse les yeux*). Au reste il peut seul me tirer du trouble où cette enfant m'a mise. Fais le prier de descendre chez moi.

SUSANNE.

Le voici qui vient à propos; vous vous ferez coëffer plus tard. (*Elle sort*).

SCÈNE II.

LA COMTESSE, BÉGEARSS.

LA COMTESSE, *douloureusement.*

AH! mon pauvre Major; que se passe-t-il donc ici ? Touchons nous enfin à la crise que j'ai si long-temps redoutée; que j'ai vu de loin se former ? L'éloignement du Comte pour mon malheureux fils semble augmenter de jour en jour. Quelque lumière fatale aura pénétré jusqu'à lui !

BÉGEARSS.

Madame, je ne le crois pas.

LA COMTESSE.

Depuis que le ciel m'a punie par la mort de mon fils aîné, je vois le Comte absolument changé : au lieu de travailler avec l'ambassadeur à *Rome*, pour rompre les vœux de *Léon*; je le vois s'obstiner à l'envoyer à *Malthe*. --- Je sais de plus, *Monsieur Bégearss*, qu'il dénature sa fortune, et veut abandonner l'Espagne, pour s'établir dans ce pays. — L'autre jour à dîner, devant trente personnes, il raisonna sur le divorce d'une façon à me faire frémir.

BÉGEARSS.

J'y étais; je m'en souviens trop ?

LA COMTESSE, *en larmes.*

Pardon, mon digne ami; je ne puis pleurer qu'avec vous !

BÉGEARSS.

Déposez vos douleurs dans le sein d'un homme sensible.

LA COMTESSE.

Enfin, est-ce lui, est-ce vous, qui avez déchiré le cœur de *Florestine?* Je la destinais à mon fils. ---- Née sans biens, il est vrai; mais noble, belle et vertueuse; élevée au milieu de nous : mon fils devenu héritier, n'en a-t-il pas assez pour deux ?

BÉGEARSS.

Que trop, peut-être; et c'est d'où vient le mal !

LA COMTESSE.

Mais, comme si le Ciel n'eût attendu aussi long-temps, que pour me mieux punir d'une imprudence tant pleurée; tout semble s'unir à la fois pour renverser mes espérances. Mon époux déteste mon fils.... *Florestine* renonce à lui. Aigrie par ne sais quel motif, elle veut le fuir pour toujours. Il en mourra le malheureux ! voilà ce qui est bien certain. (*Elle joint les mains*). Ciel vengeur ! après vingt années de larmes et de repentir , me réservez vous à l'horreur de voir ma faute découverte ? Ah ! que je sois seule misérable ! mon Dieu, je ne m'en plaindrai pas! mais que mon fils ne porte point la peine d'un crime qu'il n'a pas commis ! Connaissez-vous, *Monsieur Bégearss* , quelque remède à tant de maux ?

BÉGEARSS.

Oui, femme respectable ! et je venais exprès dissiper vos terreurs. Quand on craint une chose, tous nos regards

se portent vers cet objet trop allarmant : quoiqu'on dise
ou qu'on fasse, la frayeur empoisonne tout ! Enfin je
tiens la clef de ces énigmes. Vous pouvez encore être
heureuse.

LA COMTESSE.

L'est-on avec une âme déchirée de remords ?

BÉGEARSS.

Votre époux ne fuit point *Léon* ; il ne soupçonne rien
sur le secret de sa naissance.

LA COMTESSE, *vivement.*

Monsieur *Bégearss* !

BÉGEARSS.

Et tous ces mouvemens que vous prenez pour de la
haine, ne sont que l'effet d'un scrupule. Oh ! que je vais
vous soulager !

LA COMTESSE, *ardemment.*

Mon cher monsieur *Bégearss !*

BÉGEARSS.

Mais enterrez dans ce cœur allégé, le grand mot que je
vais vous dire. Votre secret à vous, c'est la naissance de
Léon ! Le sien est celle de *Florestine* ; (*plus bas*), il est
son tuteur···· et son père.

LA COMTESSE *joignant les mains.*

Dieu tout puissant qui me prends en pitié !

BÉGEARSS.

Jugez de sa frayeur en voyant ces enfans amoureux
l'un

l'un de l'autre ! ne pouvant dire son secret, ni supporter qu'un tel attachement devînt le fruit de son silence, il est resté sombre, bisarre ; et s'il veut éloigner son fils, c'est pour éteindre, s'il se peut, par cette absence et par ces vœux, un malheureux amour qu'il croit ne pouvoir tolérer.

LA COMTESSE, *priant avec ardeur.*

Source éternelle des bienfaits ! O mon Dieu ! tu permets qu'en partie je répare la faute involontaire qu'un insensé me fit commettre ; que j'aie, de mon côté, quelque chose à remettre à cet époux que j'offensai ! O Comte *Almaviva !* mon cœur flétri, fermé par vingt années de peines, va se r'ouvrir enfin pour toi ! *Florestine* est ta fille ; elle me devient chère comme si mon sein l'eût portée. Faisons, sans nous parler, l'échange de notre indulgence ! O Monsieur *Bégearss !* achevez.

BÉGEARSS.

Mon amie, je n'arrête point ces premiers élans d'un bon cœur : les émotions de la joie ne sont point dange-reuses comme celles de la tristesse ; mais, au nom de votre repos, écoutez moi jusqu'à la fin.

LA COMTESSE.

Parlez mon généreux ami : vous à qui je dois tout, parlez.

BÉGEARSS.

Votre époux cherchant un moyen de garantir sa *Flo-restine* de cet amour qu'il croit incestueux, m'a pro-posé de l'épouser ; mais, indépendamment du sentiment

E

profond et malheureux que mon respect pour vos dou-
leurs······

LA COMTESSE, *douloureusement.*

Ah! mon ami! par compassion pour moi·····

BÉGEARSS.

N'en parlons plus. Quelques mots d'établissement, tour-
nés d'une forme équivoque, ont fait penser à *Florestine*
qu'il était question de *Léon*. Son jeune cœur s'en épa-
nouissait, quand un valet vous annonça. Sans m'expliquer
depuis sur les vues de son père; un mot de moi, la rame-
nant aux sévères idées de la fraternité, a produit cet
orage, et la religieuse horreur dont votre fils ni vous ne
pénétriez le motif.

LA COMTESSE.

Il en était bien loin, le pauvre enfant!

BÉGEARSS.

Maintenant qu'il vous est connu, devons-nous suivre
ce projet d'une union qui répare tout?·····

LA COMTESSE, *vivement.*

Il faut s'y tenir, mon ami; mon cœur et mon esprit
sont d'accord sur ce point, et c'est à moi de la déterminer.
Par-là, nos secrets sont couverts; nul étranger ne les pé-
nétrera. Après vingt années de souffrances nous passerons
des jours heureux, et c'est à vous, mon digne ami, que
ma famille les devra.

BÉGEARSS, *élevant le ton.*

Pour que rien ne les trouble plus, il faut encore un
sacrifice, et mon amie est digne de le faire.

LA COMTESSE.

Hélas ! je veux les faire tous.

BÉGEARSS, *l'air imposant.*

Ces lettres, ces papiers d'un infortuné qui n'est plus ; il faudra les réduire en cendres.

LA COMTESSE, *avec douleur.*

Ah ! Dieu !

BÉGEARSS.

Quand cet ami mourant, me chargea de vous les re-mettre, son dernier ordre fut qu'il fallait sauver votre honneur, en ne laissant aucune trace de ce qui pourrait l'altérer.

LA COMTESSE.

Dieu ! Dieu !

BÉGEARSS.

Vingt ans se sont passés sans que j'aye pu obtenir que ce triste aliment de votre éternelle douleur s'éloignât de vos yeux. Mais indépendamment du mal que tout cela vous fait ; voyez quel danger vous courez.

LA COMTESSE.

Eh ! que peut-on avoir à craindre !

BÉGEARSS, *regardant si on peut l'entendre.*

(*Parlant bas*). Je ne soupçonne point *Susanne* ; mais une femme de chambre instruite que vous conservez ces papiers, ne pourrait-elle pas un jour s'en faire un moyen de fortune ? un seul remis à votre époux, que peut-être il paierait bien cher, vous plongerait dans des malheurs···

LA COMTESSE.

Non, *Susanne* a le cœur trop bon·····

BÉGEARSS, *d'un ton plus élevé, très-ferme.*

Ma respectable amie! vous avez payé votre dette à la
tendresse, à la douleur, à vos devoirs de tous les genres;
et si vous êtes satisfaite de la conduite d'un ami, j'en veux
avoir la récompense. Il faut brûler tous ces papiers; éteindre tous ces souvenirs d'une faute autant expiée! mais,
pour ne jamais revenir sur un sujet si douloureux, j'exige
que le sacrifice en soit fait dans ce même instant.

LA COMTESSE, *tremblante.*

Je crois entendre Dieu qui parle! il m'ordonne de
l'oublier; de déchirer le crêpe obscur dont sa mort a cou-
vert ma vie. Oui, mon Dieu! je vais obéir à cet ami que
vous m'avez donné. (*Elle sonne*). Ce qu'il exige en votre
nom, mon repentir le conseillait; mais ma faiblesse a
combattu.

SCÈNE III.

SUSANNE, LA COMTESSE, BÉGEARS.

LA COMTESSE.

Susanne! apporte moi le coffret de mes diamans.
···· Non, je vais le prendre moi-même, il te faudrait
chercher la clef·····

SCENE IV.

SUSANNE, BÉGEARS.

SUSANNE, *un peu troublée.*

MONSIEUR *Bégearss*, de quoi s'agit-t-il donc ? Toutes les têtes sont renversées ! Cette maison ressemble à l'hôpital des fous ! Madame pleure ; Mademoiselle étouffe. Le Chevalier *Léon* parle de se noyer ; Monsieur est enfermé et ne veut voir personne. Pourquoi ce coffre aux diamans inspire-t-il en ce moment tant d'intérêt à tout le monde ?

BÉGEARSS, *mettant son doigt sur sa bouche, en signe de mystère.*

Chut ! Ne montre ici nulle curiosité ! Tu le sçauras dans peu· · · · · Tout va bien ; tout est bien· · · · Cette journée vaut· · · · Chut· · · ·

SCÈNE V.

LA COMTESSE, BÉGEARSS, SUSANNE.

LA COMTESSE, *tenant le coffret aux diamans.*

SUSANNE, apporte nous du feu dans le brazéro du boudoir.

E 3

SUSANNE.

Si c'est pour brûler des papiers, la lampe de nuit allu-
mée, est encor là dans l'athénienne.   (*Elle l'avance*).

LA COMTESSE.

Veille à la porte, et que personne n'entre.

SUSANNE, *en sortant, à part.*

Courons avant, avertir *Figaro.*

SCÈNE VI.

LA COMTESSE, BÉGEARSS.

BÉGEARSS.

Combien j'ai souhaité pour vous le moment auquel nous
touchons !

LA COMTESSE, *étouffée.*

O mon ami! quel jour nous choisissons pour consommer
ce sacrifice! celui de la naissance de mon malheureux
fils! A cette époque, tous les ans, leur consacrant cette
journée, je demandais pardon au ciel, et je m'abreuvais
de mes larmes en relisant ces tristes lettres. Je me rendais au moins le témoignage qu'il y eut entre nous plus
d'erreur que de crime. Ah! faut-il donc brûler tout ce
qui me reste de lui?

BÉGEARSS.

Quoi, Madame? détruisez - vous ce fils qui vous le

représente? ne lui devez-vous pas un sacrifice qui le préserve de mille affreux dangers? vous vous le devez à
vous-même! et la sécurité de votre vie entière est attachée
peut-être à cet acte imposant! (*Il ouvre le secret de
l'écrin et en ôte les lettres*).

LA COMTESSE, *surprise.*

Monsieur *Bégearss,* vous l'ouvrez mieux que moi! ···
que je les lise encore!

BÉGEARSS, *sévèrement.*
Non, je ne le permettrai pas.

LA COMTESSE.

Seulement la dernière où, traçant ses tristes adieux, du
sang qu'il répandit pour moi, il m'a donné la leçon du
courage dont j'ai tant besoin aujourd'hui.

BÉGEARSS, *s'y opposant.*

Si vous lisez un mot, nous ne brûlerons rien. Offrez
au ciel un sacrifice entier, courageux, volontaire, exempt
des faiblesses humaines! ou si vous n'osez l'accomplir,
c'est à moi d'être fort pour vous. Les voilà toutes dans
le feu.   (*Il y jette le paquet*).

LA COMTESSE, *vivement.*

Monsieur *Bégears!* Cruel ami! c'est ma vie que vous
consumez! qu'il m'en reste au moins un lambeau. (*Elle
veut se précipiter sur les lettres enflammées.*) (*Bégearss la
retient à bras le corps*).

BÉGEARSS.
J'en jetterai la cendre au vent.

E 4

SCÈNE VII.

SUSANNE, LE COMTE, FIGARO, LA COMTESSE, BÉGEARSS.

SUSANNE *accourt.*

C'EST Monsieur, il me suit ; mais amené par *Figaro*.

LE COMTE, *les surprenant en cette posture.*

Qu'est-ce donc que je vois, Madame ! d'où vient tout ce désordre ? quel est ce feu, ce coffre, ces papiers ? pourquoi ce débat et ces pleurs ?

(*Bégearss et la Comtesse restent confondus*).

LE COMTE.

Vous ne répondez point ?

BÉGEARSS *se remet, et dit d'un ton pénible.*

J'espère Monsieur, que vous n'exigez pas qu'on s'explique devant vos gens. J'ignore quel dessein vous fait surprendre ainsi Madame ! quant à moi, je suis résolu de soutenir mon caractère en rendant un hommage pur à la vérité, quelle qu'elle soit.

LE COMTE, *à Figaro et à Susanne.*

Sortez tous deux.

FIGARO.

Mais, Monsieur, rendez-moi du moins la justice de

déclarer que je vous ai remis le *récépissé* du notaire, sur le grand objet de tantôt !

LE COMTE.

Je le fais volontiers, puisque c'est réparer un tort. (*A Bégearss*). Soyez certain Monsieur, que voilà le *récépissé.* (*Il le remet dans sa poche.*) (*Figaro et Susanne sortent chacun de leur côté.*)

FIGARO, *bas à Susanne, en s'en allant.*

S'il échappe à l'explication !······

SUSANNE, *bas.*

Il est bien subtil !

FIGARO, *bas.*

Je l'ai tué !

SCÈNE VIII.

LA COMTESSE, LE COMTE, BÉGEARSS.

LE COMTE, *d'un ton sérieux.*

MADAME, nous sommes seuls.

BÉGEARSS, *encore ému.*

C'est moi qui parlerai. Je subirai cet interrogatoire. M'avez-vous vu, Monsieur, trahir la vérité dans quelque occasion que ce fût ?

LE COMTE, *sèchement.*

Monsieur······ Je ne dis pas cela.

BÉGEARSS, *tout-à-fait remis.*

Quoique je sois loin d'approuver cette inquisition peu décente; l'honneur m'oblige à répéter ce que je disais à Madame, en répondant à sa consultation:

« Tout dépositaire de secrets ne doit jamais conserver
» de papiers s'ils peuvent compromettre un ami qui n'est
» plus, et qui les mit sous notre garde. Quelque chagrin
» qu'on ait à s'en défaire, et quelque intérêt même qu'on
» eût à les garder; le saint respect des morts doit avoir
» le pas devant tout. » (*Il montre le Comte.*) Un accident
inopiné, ne peut-il pas en rendre un adversaire possesseur?

(*Le Comte le tire par la manche pour qu'il ne pousse pas l'explication plus loin.*)

BÉGEARSS.

Auriez-vous dit, Monsieur, autre chose en ma position? Qui cherche des conseils timides, ou le soutien d'une faiblesse honteuse, ne doit point s'adresser à moi! vous en avez des preuves l'un et l'autre, et vous sur-tout, Monsieur le Comte! (*le Comte lui fait un signe.*) Voilà sur la demande que m'a faite Madame, et sans chercher à pénétrer ce que contenaient ces papiers, ce qui m'a fait lui donner un conseil pour la sévère exécution duquel je l'ai vu manquer de courage; je n'ai pas hésité d'y substituer le mien, en combattant ses délais imprudens. Voilà quels étaient nos débats; mais, quelque chose qu'on en pense, je ne regretterai point ce que j'ai dit, ce que j'ai fait. (*Il lève les bras.*) Sainte amitié! tu n'es rien qu'un vain titre, si l'on ne remplit pas tes austères devoirs. --- Permettez que je me retire.

LE COMTE *exalté.*

O le meilleur des hommes! Non vous ne nous quitterez pas. --- Madame, il va nous appartenir de plus près; je lui donne ma *Florestine.*

LA COMTESSE, *avec vivacité.*

Monsieur, vous ne pouviez pas faire un plus digne emploi du pouvoir que la loi vous donne sur elle. Ce choix a mon assentiment si vous le jugez nécessaire, et le plutôt vaudra le mieux.

LE COMTE *hésitant.*

Eh bien! ····· ce soir···· sans bruit····· votre aumônier········

LA COMTESSE, *avec ardeur.*

Eh bien! moi qui lui sers de mère, je vais la préparer à l'auguste cérémonie : mais laisserez-vous votre ami, seul généreux envers ce digne enfant? j'ai du plaisir à penser le contraire.

LE COMTE *embarassé.*

Ah! Madame····· croyez·····

LA COMTESSE, *avec joie.*

Oui, Monsieur je le crois. C'est aujourd'hui la fête de mon fils; ces deux évènemens réunis me rendent cette journée bien chère!   (*Elle sort.*)

SCÈNE IX.

LE COMTE, BÉGEARSS.

LE COMTE, *la regardant aller.*

JE ne reviens pas de mon étonnement. Je m'attendais à des débats, à des objections sans nombre ; et je la trouve juste, bonne, généreuse envers mon enfant ! *moi qui lui sers de mère,* dit-elle..... Non, ce n'est point une méchante femme ! elle a dans ses actions une dignité qui m'impose ;....... un ton qui brise les reproches, quand on voudrait l'en accabler. Mais, mon ami, je m'en dois à moi-même, pour la surprise que j'ai montrée en voyant brûler ces papiers.

BÉGEARSS.

Quant à moi, je n'en ai point eu, voyant avec qui vous veniez. Ce reptile vous a sifflé que j'étais là pour trahir vos secrets ? de si basses imputations n'atteignent point un homme de ma hauteur ; je les vois ramper loin de moi. Mais, après tout Monsieur, que vous importaient ces papiers ? n'aviez vous pas pris malgré moi tous ceux que vous vouliez garder ? Ah ! plût au ciel qu'elle m'eût consulté plutôt ! vous n'auriez pas contre elle des preuves sans replique !

LE COMTE, *avec douleur.*

Oui, sans replique ! (*avec ardeur.*) ôtons-les de mon

sein : elles me brûlent la poitrine. (*Il tire la lettre de son sein, et la met dans sa poche.*)

BÈGEARSS *continue avec douceur.*

Je combattrais avec plus d'avantage en faveur du fils de la loi ! car enfin il n'est pas comptable du triste sort qui l'a mis dans vos bras !

LE COMTE *reprend sa fureur.*

Lui, dans mes bras ? jamais.

BÉGEARSS.

Il n'est point coupable non plus dans son amour pour *Florestine* ; et cependant, tant qu'il reste près d'elle, puis-je m'unir à cette enfant qui, peut-être éprise elle-même ne cédera qu'à son respect pour vous ? La délicatesse blessée.....

LE COMTE.

Mon ami, je t'entends ! et ta réflexion me décide à le faire partir sur le champ. Oui, je serai moins malheureux, quand ce fatal objet ne blessera plus mes regards : mais comment entamer ce sujet avec-elle ? voudra-t-elle s'en séparer ? il faudra donc faire un éclat ?

BÉGEARSS.

Un éclat !..... non..... mais le divorce accrédité chez cette nation hasardeuse, vous permettra d'user de ce moyen.

LE COMTE.

Moi, publier ma honte ! quelques lâches l'ont fait ! c'est le dernier dégré de l'avilissement du siècle. Que l'opprobre soit le partage de qui donne un pareil scandale, et des fripons qui le provoquent.

BÉGEARSS.

J'ai fait envers elle, envers vous, ce que l'honneur me prescrivait. Je ne suis point pour les moyens violens, sur-tout quand il s'agit d'un fils......

LE COMTE.

Dites *d'un étranger*, dont je vais hâter le départ.

BÉGEARSS.

N'oubliez pas cet insolent valet.

LE COMTE.

J'en suis trop las pour le garder. Toi, cours Ami, chez mon notaire; retire, avec mon reçu que voilà, mes trois millions d'or déposés. Alors tu peux à juste titre être généreux au contrat qu'il nous faut brusquer aujourd'hui··· car te voilà bien possesseur····· (*Il lui remet le reçu ; le prend sous le bras, et ils sortent.*) et ce soir, à minuit, sans bruit, dans la chapelle de Madame······

(*On n'entend pas le reste.*)

FIN DU TROISIÈME ACTE.

ACTE IV.

Le théâtre représente le même cabinet de la Comtesse.

SCÈNE PREMIÈRE.

FIGARO, *seul, agité, regardant de côté et d'autre.*

ELLE me dit : « viens à six heures au cabinet ; c'est le plus sûr pour nous parler··· » Je brusque tout dehors, et je rentre en sueur ! Où est-elle ? (*Il se promène en s'essuyant.*) Ah ! parbleu, je ne suis pas fou ! je les ai vu sortir d'ici, Monsieur le tenant sous le bras !···Eh bien ! pour un échec, abandonnons-nous la partie ?....... Un Orateur fuit-il lâchement la tribune, pour un argument tué sous lui ? Mais, quel détestable endormeur ! (*Vivement.*) Parvenir à brûler les lettres de Madame, pour qu'elle ne voye pas qu'il en manque ; et se tirer d'un éclaircissement !······ C'est l'enfer concentré, tel que *Milton* nous l'a dépeint ! (*D'un ton badin.*) J'avais raison tantôt, dans ma colère : *Honoré Bégearss* est le diable que les hébreux nommaient *Légion* ; et, si l'on y regardait bien, on verrait le lutin avoir le pied fourchu, seule partie, disait ma mère, que les démons ne peuvent déguiser. (*Il rit.*) Ah ! ah ! ah ! ma gaîté me revient ; d'abord, parce que j'ai mis l'or du *Mexique* en sûreté chez *Fal*, ce qui nous donnera du temps; (*Il frappe d'un billet sur sa main.*) et puis ··· Docteur en toute hypocrisie! Vrai Major d'infernal Tartuffe! grâce au hasard qui régit tout, à ma tactique, à quelques louis semés; voici qui me promet une lettre de toi, où, dit-on, tu poses le masque, à ne rien laisser desirer! (*Il ouvre le billet et dit:*) Le coquin qui l'a lu en veut cinquante louis?··· eh bien! il les aura, si la lettre les vaut; une année de mes gages sera bien employée, si je parviens à détromper un maître à qui nous devons tant····· Mais où es-tu, *Susanne*, pour en rire? *O que piacere!* ····· A demain donc! car je ne vois pas que rien périclite ce soir··· Et pourquoi perdre un temps? Je m'en suis toujours repenti.... (*Très-vivement.*) Point de délai; courons attacher le pétard; dormons dessus; la nuit porte conseil, et demain matin nous verrons qui des deux fera sauter l'autre.

SCENE II.

BÉGEARSS, FIGARO.

BÉGEARSS, *raillant.*

Eeeh! c'est mons *Figaro!* La place est agréable, puis-qu'on y retrouve Monsieur.

FIGARO, *du même ton.*

Ne fût-ce que pour avoir la joie de l'en chasser une autre fois.

BÉGEARSS.

BÉGEARSS.

De la rancune pour si peu? vous êtes bien bon d'y songer! chacun n'a-t-il pas sa manie?

FIGARO.

Et celle de Monsieur est de ne plaider qu'à huis-clos?

BÉGEARSS, *lui frappant sur l'épaule.*

Il n'est pas essentiel qu'un sage entende tout, quand il sait si bien deviner.

FIGARO.

Chacun se sert des petits talens que le ciel lui a départis.

BÉGEARSS.

Et *l'Intrigant* compte-t-il gagner beaucoup avec ceux qu'il nous montre ici?

FIGARO.

Ne mettant rien à la partie, j'ai tout gagné..... si je fais perdre *l'autre.*

BÉGEARSS, *piqué.*

On verra le jeu de Monsieur.

FIGARO.

Ce n'est pas de ces coups brillans qui éblouissent la gallerie. (*Il prend un air niais.*) Mais *chacun pour soi; Dieu pour tous,* comme a dit le roi Salomon.

BÉGEARSS, *souriant.*

Belle sentence! N'a-t-il pas dit aussi; *Le soleil luit pour tout le monde?*

F

FIGARO, *fièrement.*

Oui, en dardant sur le serpent prêt à mordre la main de son imprudent bienfaiteur!   (*Il sort.*)

SCENE III.

BÉGEARSS, *seul, le regardant aller.*

Il ne farde plus ses desseins! Notre homme est fier? bon signe, il ne sait rien des miens; il aurait la mine bien longue s'il était instruit qu'à minuit··· (*Il cherche dans ses poches vivement.*) Eh bien! qu'ai-je fait du papier? Le voici. (*Il lit.*) *Reçu de M. Fal, notaire, les trois millions d'or spécifiés dans le bordereau ci-dessus. A Paris, le·····* ALMAVIVA. --- C'est bon; je tiens la pupille et l'argent! Mais ce n'est point assez; cet homme est faible, il ne finira rien pour le reste de sa fortune. La Comtesse lui en impose; il la craint, l'aime encore··········· Elle n'ira point au couvent, si je ne les mets aux prises, et ne le force à s'expliquer·················brutalement. (*Il se promène.*) — Diable! ne risquons pas ce soir un dénouement aussi scabreux! En précipitant trop les choses, on se précipite avec elles! Il sera temps demain, quand j'aurai bien serré le doux lien sacramentel qui va les enchaîner à moi? (*Il appuie ses deux mains sur sa poitrine.*) Eh bien! maudite joie, qui me gonfles le cœur! ne peux-tu donc te contenir?····· Elle m'étouffera, la fougueuse, ou me livrera comme un sot, si je ne la laisse un peu s'évaporer, pendant que je suis seul ici. Sainte et douce crédulité! l'époux te doit la magnifique dot! Pâle déesse de la nuit, il te devra bientôt sa froide épouse. (*Il frotte ses mains de joie.*) Bégearss! heureux Bégearss!... Pourquoi l'appelez-vous *Bégearss?* n'est-il donc pas plus d'à moitié *le Seigneur Comte Almaviva? (D'un ton terrible.)* Encore un pas, *Bégearss!* et tu l'es tout-à-fait. — Mais il te faut auparavant ..... Ce *Figaro* pèse sur ma poitrine! car c'est lui qui l'a fait venir!... Le moindre trouble me perdait .... Ce valet là me portera malheur .... c'est le plus clairvoyant coquin!.... Allons, allons, qu'il parte avec son chevalier errant!

SCENE IV.

BÉGEARSS, SUSANNE.

SUSANNE, *accourant, fait un cri d'étonnement, de voir un autre que Figaro.*

AH! (*A part.*) Ce n'est pas lui!

BÉGEARSS.

Quelle surprise! Et qu'attendais-tu donc?

SUSANNE, *se remettant.*

Personne. On se croit seule ici...

BÉGEARSS.

Puisque je t'y rencontre; un mot avant le comité.

F 2

S U S A N N E.

Que parlez-vous de comité? réellement depuis deux
ans on n'entend plus du tout la langue de ce pays!

B É G E A R S S, *riant sardoniquement.*

Hé! hé!··· (*Il pétrit dans sa boîte une prise de tabac,
d'un air content de lui.*) Ce comité, ma chère, est une
conférence entre la Comtesse, son fils, notre jeune pupille
et moi, sur le grand objet que tu sais.

S U S A N N E.

Après la scène que j'ai vue, osez-vous encor l'espérer?

B É G E A R S S, *bien fat.*

Oser l'espérer!··· Non. Mais seulement··· Je l'épouse
ce soir.

S U S A N N E, *vivement.*

Malgré son amour pour *Léon?*

B É G E A R S S.

Bonne femme! qui me disais : *Si vous faites cela, Monsieur*····

S U S A N N E.

Eh! qui eût pu l'imaginer?

B É G E A R S S, *prenant son tabac en plusieurs fois.*

Enfin, que dit-on? parle-t-on? Toi qui vis dans l'intérieur, qui a l'honneur des confidences; y pense-t-on du
bien de moi? car c'est-là le point important.

S U S A N N E.

L'important serait de savoir quel talisman vous employez

pour dominer tous les esprits? Monsieur ne parle de vous qu'avec enthousiasme! ma maîtresse vous porte aux nues! son fils n'a d'espoir qu'en vous seul! notre pupille vous révère!····

BÉGEARSS, *d'un ton bien fat, secouant le tabac de son jabot.*

Et toi, *Susanne*, qu'en dis-tu?

SUSANNE.

Ma foi, monsieur, je vous admire! Au milieu du désordre affreux que vous entretenez ici, vous seul êtes calme et tranquille; il me semble entendre un génie qui fait tout' mouvoir à son gré.

BÉGEARSS, *bien fat.*

Mon enfant, rien n'est plus aisé. D'abord il n'est que deux pivots sur qui roule tout dans le monde, la morale et la politique. La morale, tant soit peu mesquine, consiste à être juste et vrai; elle est, dit-on, la clef de quelques vertus routinières.

SUSANNE.

Quant à la politique?····

BÉGEARSS, *avec chaleur.*

Ah! c'est l'art de créer des faits, de dominer, en se jouant, les évènemens et les hommes; l'intérêt est son but; l'intrigue son moyen: toujours sobre de vérités, ses vastes et riches conceptions sont un prisme qui éblouit. Aussi profonde que l'*Etna*, elle brûle et gronde long-temps avant d'éclater au déhors; mais alors rien ne lui résiste: elle

A 3

exige de hauts talens : le scrupule seul peut lui nuire ; (*En riant.*) c'est le secret des négociateurs.

SUSANNE.

Si la morale ne vous échauffe pas, l'autre, en revanche, excite en vous un assez vif enthousiasme!

BÉGEARSS, *averti, revient à lui.*

Eh!··· ce n'est pas elle ; c'est toi! — Ta comparaison d'un génie ····· — Le chevalier vient ; laisse-nous.

SCENE V.

LÉON, BÉGEARSS.

LÉON.

Monsieur *Bégearss*, je suis au désespoir!

BÉGEARSS, *d'un ton protecteur.*

Qu'est-il arrivé, jeune ami?

LÉON.

Mon père vient de me signifier, avec une dureté! ····· que j'eûsse à faire, sous deux jours, tous les apprêts de mon départ pour *Malte :* point d'autre train, dit-il, que *Figaro*, qui m'accompagne, et un valet qui courra devant nous.

BÉGEARSS.

Cette conduite est en effet bisarre, pour qui ne sait pas

son secret; mais nous qui l'avons pénétré, notre devoir est de le plaindre. Ce voyage est le fruit d'une frayeur bien excusable! *Malte* et vos vœux ne sont que le prétexte; un amour qu'il redoute, est son véritable motif.

LÉON, *avec douleur.*

Mais, mon ami, puisque vous l'épousez?

BÉGEARSS, *confidentiellement.*

Si son frère le croit utile à suspendre un fâcheux départ! ·····Je ne verrais qu'un seul moyen····

LÉON.

O mon ami! dites-le moi?

BÉGEARSS.

Ce serait que madame votre mère vainquît cette timidité qui l'empêche, avec lui, d'avoir une opinion à elle; car sa douceur vous nuit bien plus que ne ferait un caractère trop ferme. —Supposons, qu'on lui ait donné quelque prévention injuste; qui a le droit, comme une mère, de rappeler un père à la raison? Engagez la à le tenter, ··· non pas aujourd'hui, mais········ demain, et sans y mettre de faiblesse.

LÉON.

Mon ami vous avez raison : cette crainte est son vrai motif. Sans doute il n'y a que ma mère qui puisse le faire changer. La voici qui vient avec celle····· que je n'ose plus adorer. (*Avec douleur.*) O mon ami! rendez la bien heureuse.

BÉGEARSS, *caressant.*

En lui parlant tous les jours de son frère.

SCENE VI.

LA COMTESSE, FLORESTINE, BÉGEARSS, SUSANNE, LÉON.

LA COMTESSE *coëffée, parée, portant une robe rouge et noire, et son bouquet de même couleur.*

SUSANNE, donne mes diamans ?

(*Susanne va les chercher.*)

BÉGEARSS, *affectant de la dignité.*

Madame, et vous Mademoiselle, je vous laisse avec cet ami ; je confirme d'avance tout ce qu'il va vous dire. Hélas ! ne pensez point au bonheur que j'aurais de vous appartenir à tous ; votre repos doit seul vous occuper. Je n'y veux concourir que sous la forme que vous adopterez : mais, soit que Mademoiselle accepte ou non mes offres, recevez ma déclaration, que toute la fortune dont je viens d'hériter lui est destinée de ma part, dans un contrat, ou par un testament ; je vais en faire dresser les actes : Mademoiselle choisira. Après ce que je viens de dire, il ne conviendrait pas que ma présence ici gênât un parti qu'elle doit prendre en toute liberté : mais, quel qu'il soit, ô mes amis, sachez qu'il est sacré pour moi : je l'adopte sans restriction. (*Il salue profondément et sort.*)

SCENE VII.

LA COMTESSE, LÉON, FLORESTINE.

LA COMTESSE *le regarde aller.*

C'EST un ange envoyé du ciel pour réparer tous nos malheurs.

LÉON, *avec une douleur ardente.*

O *Florestine!* il faut céder : ne pouvant être l'un à l'autre, nos premiers élans de douleur nous avaient fait jurer de n'être jamais à personne ; j'accomplirai ce serment pour nous deux. Ce n'est pas tout-à-fait vous perdre, puisque je retrouve une sœur où j'espérais posséder une épouse. Nous pourrons encore nous aimer.

SCENE VIII.

LA COMTESSE, LÉON, FLORESTINE, SUSANNE.

SUSANNE *apporte l'écrin.*

LA COMTESSE, *en parlant, met ses boucles d'oreilles, ses bagues, son bracelet, sans rien regarder.*

FLORESTINE! épouse *Bégearss;* ses procédés l'en

rendent digne; et puisque cet hymen fait le bonheur de
ton parain, il faut l'achever aujourd'hui.

(*Susanne sort et emporte l'écrin.*)

SCENE IX.

LA COMTESSE, LÉON, FLORESTINE.

LA COMTESSE *à Léon.*

Nous, mon fils, ne sachons jamais ce que nous devons
ignorer. Tu pleures, *Florestine!*

FLORESTINE, *pleurant.*

Ayez pitié de moi, Madame! Eh! comment soutenir
autant d'assauts dans un seul jour? A peine j'apprends qui
je suis, qu'il faut renoncer à moi-même, et me livrer···
Je meurs de douleur et d'effroi. Dénuée d'objections contre
M. *Bégearss*, je sens mon cœur à l'agonie, en pensant qu'il
peut devenir··· Cependant il le faut; il faut me sacrifier
au bien de ce frère chéri; à son bonheur, que je ne puis
plus faire. Vous dites que je pleure! Ah! je fais plus pour
lui que si je lui donnais ma vie! Maman, ayez pitié de
nous! bénissez vos enfans! ils sont bien malheureux! (*Elle
se jette à genoux; Léon en fait autant.*

LA COMTESSE *leur imposant les mains.*

Je vous bénis, mes chers enfans. Ma *Florestine* je t'adopte.
Si tu savais à quel point tu m'es chère! Tu seras heureuse,

ma fille, et du bonheur de la vertu; celui-là peut dédommager des autres. (*Ils se relèvent.*) •

FLORESTINE.

Mais croyez-vous, Madame, que mon dévouement le ramène à *Léon*, à son fils? car il ne faut pas se flatter: son injuste prévention va quelquefois jusqu'à la haine.

LA COMTESSE.

Chère fille, j'en ai l'espoir.

LÉON.

C'est l'avis de M. *Bégearss :* il me l'a dit; mais il m'a dit aussi qu'il n'y a que maman qui puisse opérer ce miracle; Aurez-vous donc la force de lui parler en ma faveur?

LA COMTESSE.

Je l'ai tenté souvent, mon fils, mais sans aucun fruit apparent.

LÉON.

O ma digne mère! c'est votre douceur qui m'a nui. La crainte de le contrarier vous a trop empêché d'user de la juste influence que vous donnent votre vertu et le respect profond dont vous êtes entourée. Si vous lui parliez avec force, il ne vous résisterait pas.

LA COMTESSE.

Vous le croyez, mon fils? je vais l'essayer devant vous. Vos reproches m'affligent presqu'autant que son injustice. Mais, pour que vous ne gêniez pas le bien que je dirai de vous, mettez-vous dans mon cabinet; vous m'entendrez, de-là, plaider une cause si juste : vous n'accuserez plus une mère de manquer d'énergie, quand il faut défendre son fils ! (*Elle sonne.*) *Florestine*, la décence ne te permet pas de rester : vas t'enfermer ; demande au ciel qu'il m'accorde quelque succès, et rende enfin la paix à ma famille désolée.

(*Florestine sort.*)

SCENE X.

SUSANNE, LA COMTESSE, LÉON.

SUSANNE.

QUE veut Madame ? elle a sonné.

LA COMTESSE.

Prie Monsieur, de ma part, de passer un moment ici.

SUSANNE, *effrayée.*

Madame! vous me faites trembler! Ciel! que va-t-il donc se passer? Quoi! Monsieur, qui ne vient jamais··· sans···

LA COMTESSE.

Fais ce que je te dis, *Susanne*, et ne prends nul souci du reste.

(*Susanne sort, en levant les bras au ciel, de terreur.*)

SCÈNE XI.

LA COMTESSE, LÉON.

LA COMTESSE.

Vous allez voir, mon fils, si votre mère est faible en défendant vos intérêts! Mais laissez-moi me recueillir, me préparer, par la prière, à cet important plaidoyer.

(*Léon entre au cabinet de sa mère.*)

SCÈNE XII.

LA COMTESSE, *seule, un genou sur son fauteuil.*

Ce moment me semble terrible, comme le jugement dernier! Mon sang est prêt à s'arrêter··· O mon Dieu! donnez-moi la force de frapper au cœur d'un époux? (*Plus bas.*) Vous seul connaissez les motifs qui m'ont toujours fermé la bouche! Ah! s'il ne s'agissait du bonheur de mon fils; vous savez, ô mon Dieu! si j'oserais dire un seul mot pour moi! Mais enfin, s'il est vrai qu'une faute pleurée vingt ans, ait obtenu de vous un pardon généreux, comme un sage ami m'en assure: ô mon Dieu! donnez-moi la force de frapper au cœur d'un époux!

SCENE XIII.

LA COMTESSE, LE COMTE, LÉON *caché.*

LE COMTE, *sèchement.*

MADAME, on dit que vous me demandez?

LA COMTESSE, *timidement.*

J'ai cru, Monsieur, que nous serions plus libres dans ce cabinet que chez vous.

LE COMTE.

M'y voilà, Madame; parlez.

LA COMTESSE, *tremblante.*

Asseyons-nous, Monsieur, je vous conjure, et prêtez-moi votre attention.

LE COMTE, *impatient.*

Non, j'entendrai debout; vous savez qu'en parlant je ne saurais tenir en place.

LA COMTESSE *s'asseyant, avec un soupir, et parlant bas.*

Il s'agit de mon fils·····Monsieur.

LE COMTE, *brusquement.*

De votre fils, Madame?

LA COMTESSE.

Et quel autre intérêt pourrait vaincre ma répugnance à

engager un entretien que vous ne recherchez jamais ? Mais je viens de le voir dans un état à faire compassion : l'esprit troublé, le cœur serré de l'ordre que vous lui donnez de partir sur-le-champ ; sur-tout du ton de dureté qui accompagne cet exil. Eh ! comment a-t-il encouru la disgrace d'un p...... d'un homme si juste ? Depuis qu'un exécrable duel nous a ravi notre autre fils ····

LE COMTE, *les mains sur le visage, avec un air de douleur.*

Ah !·····

LA COMTESSE.

Celui-ci, qui jamais ne dût connaître le chagrin, a redoublé de soins et d'attentions pour adoucir l'amertume des nôtres !

LE COMTE, *se promenant doucement.*

Ah !······

LA COMTESSE.

Le caractère emporté de son frère, son désordre, ses goûts et sa conduite déréglée nous en donnaient souvent de bien cruels. Le ciel sévère, mais sage en ses décrets, en nous privant de cet enfant, nous en a peut-être épargné de plus cuisans pour l'avenir.

LE COMTE, *avec douleur.*

Ah !···· Ah !····

LA COMTESSE.

Mais, enfin, celui qui nous reste a-t-il jamais manqué à ses devoirs ? Jamais le plus léger reproche fût-il mérité de sa part? Exemple des hommes de son âge, il a l'estime universelle : il est aimé, recherché, consulté. Son p···protecteur naturel, mon époux seul, paraît avoir les yeux fermés sur un mérite transcendant, dont l'éclat frappe tout le monde.

LE COMTE *se promène plus vîte sans parler.*

LA COMTESSE, *prenant courage de son silence, continue d'un ton plus ferme, et l'élève par degrés.*

En tout autre sujet, Monsieur, je tiendrais à fort grand honneur de vous soumettre mon avis, de modeler mes sentimens, ma faible opinion sur la vôtre; mais il s'agit···d'un fils···

LE COMTE *s'agite en marchant.*

LA COMTESSE.

Quand il avait un frère aîné; l'orgueil d'un très-grand nom le condamnant au célibat, l'ordre de *Malte* était son sort. Le préjugé semblait alors couvrir l'injustice de ce partage entre deux fils (*Timidement.*) égaux en droits.

LE COMTE *s'agite plus fort.* (*A part, d'un ton étouffé.*)

Egaux en droits!·····

LA COMTESSE, *un peu plus fort.*

Mais depuis deux années qu'un accident affreux···· les lui a tous transmis; n'est-il pas étonnant que vous n'ayez rien entrepris pour le relever de ses vœux? il est de notoriété que vous n'avez quitté l'*Espagne* que pour dénaturer vos biens, par la vente, ou par des échanges. Si c'est pour l'en priver, Monsieur, la haine ne va pas plus loin! Puis,

vous

vous le chassez de chez vous, et semblez lui fermer la maison p·····par vous habitée! Permettez-moi de vous le dire; un traitement aussi étrange est sans excuse aux yeux de la raison. Qu'a-t-il fait pour le mériter?

LE COMTE, *s'arrête, d'un ton terrible.*

Ce qu'il a fait!

LA COMTESSE, *effrayée.*

Je voudrais bien, Monsieur, ne pas vous offenser!

LE COMTE, *plus fort.*

Ce qu'il a fait, Madame! Et c'est vous qui le demandez?

LA COMTESSE, *en désordre.*

Monsieur, Monsieur! vous m'effrayez beaucoup!

LE COMTE, *avec fureur.*

Puisque vous avez provoqué l'explosion du ressentiment qu'un respect humain enchaînait, vous entendrez son arrêt et le vôtre.

LA COMTESSE, *plus troublée.*

Ah, Monsieur! Ah, Monsieur!·····

LE COMTE.

Vous demandez ce qu'il a fait?

LA COMTESSE, *levant les bras.*

Non, Monsieur, ne me dites rien!

LE COMTE, *hors de lui.*

Rappelez-vous, femme perfide, ce que vous avez fait vous-même! et comment, recevant un adultère dans vos

G

bras, vous avez mis dans ma maison cet enfant étranger, que vous osez nommer mon fils.

LA COMTESSE, *au désespoir, veut se lever.*

Laissez-moi m'enfuir, je vous prie.

LE COMTE, *la clouant sur son fauteuil.*

Non, vous ne fuirez pas; vous n'échapperez point à la conviction qui vous presse. (*Lui montrant sa lettre.*) Connaissez-vous cette écriture? Elle est tracée de votre main coupable! et ces caractères sanglans qui lui servirent de réponse···

LA COMTESSE, *anéantie.*

Je vais mourir! je vais mourir!

LE COMTE, *avec force.*

Non, non; vous entendrez les traits que j'en ai soulignés! (*Il lit avec égarement*) « Malheureux insensé! notre sort » est rempli; votre crime, le mien reçoit sa punition. Au- » jourd'hui, jour de *Saint-Léon*, patron de ce lieu, et le « vôtre, je viens de mettre au monde un fils, mon opprobre » et mon désespoir··· » (*Il parle.*) Et cet enfant est né le jour de *Saint-Léon*, plus de dix mois après mon départ pour la *Vera Crux!*

(*Pendant qu'il lit très-fort, on entend la Comtesse, égarée, dire des mots coupés qui partent du délire.*)

LA COMTESSE, *priant, les mains jointes.*

Grand dieu! tu ne permets donc pas que le crime le plus caché demeure toujours impuni!

LE COMTE.

...Et de la main du corrupteur. (*Il lit.*) « L'ami qui
» vous rendra ceci, quand je ne serai plus, est sûr. »

LA COMTESSE, *priant.*

Frappes, mon Dieu! car je l'ai mérité!

LE COMTE *lit.*

» Si la mort d'un infortuné vous inspirait un reste de
» pitié; parmi les noms qu'on va donner à ce fils, héritier
» d'un autre.....

LA COMTESSE, *priant.*

Accepte l'horreur que j'éprouve, en expiation de ma
faute!

LE COMTE *lit.*

» Puis-je espérer que le nom de *Léon*... (*Il parle.*) Et
ce fils s'appelle *Léon!*

LA COMTESSE, *égarée, les yeux fermés.*

O Dieu! mon crime fut bien grand, s'il égala ma punition! Que ta volonté s'accomplisse!

LE COMTE, *plus fort.*

Et, couverte de cet opprobre, vous osez me demander
compte de mon éloignement pour lui?

LA COMTESSE, *priant toujours.*

Qui suis-je, pour m'y opposer, lorsque ton bras s'appe-
santit?

LE COMTE.

Et, lorsque vous plaidez pour l'enfant de ce malheureux,
vous avez au bras mon portrait!

LA COMTESSE, *en le détachant, le regarde.*

Monsieur, Monsieur, je le rendrai; je sais que je n'en suis pas digne. (*Dans le plus grand égarement.*) Ciel! que m'arrive-t-il? Ah! je perds la raison! Ma conscience troublée fait naître des fantômes! — Réprobation anticipée!··· Je vois ce qui n'existe pas··· Ce n'est plus vous; c'est lui qui me fait signe de le suivre, d'aller le rejoindre au tombeau!

LE COMTE, *effrayé.*

Comment? Eh bien! Non, ce n'est pas···

LA COMTESSE, *en délire.*

Ombre terrible! éloigne toi!

LE COMTE *crie avec douleur.*

Ce n'est pas ce que vous croyez!

LA COMTESSE *jette le bracelet par terre.*

Attends··· Oui, je t'obéirai···

LE COMTE, *plus troublé.*

Madame, écoutez-moi ···

LA COMTESSE.

J'irai··· Je t'obéis··· Je meurs··· (*Elle reste évanouie.*)

LE COMTE, *effrayé, ramasse le bracelet.*

J'ai passé la mesure... Elle se trouve mal... Ah! Dieu! Courons lui chercher du secours! (*Il sort, il s'enfuit.*)

(*Les convulsions de la douleur font glisser la Comtesse à terre.*)

SCENE XIV.

LÉON *accourant* ; LA COMTESSE *évanouie.*

LÉON, *avec force.*

O ma mère!... ma mère! c'est moi qui te donne la mort! (*Il l'enlève et la remet sur son fauteuil, évanouie.*) Que ne suis-je parti, sans rien exiger de personne? j'aurais prévenu ces horreurs!

SCENE XV.

LE COMTE, SUSANNE, LÉON, LA COMTESSE *évanouie.*

LE COMTE, *en rentrant s'écrie.*

ET son fils!

LÉON, *égaré.*

Elle est morte! Ah! je ne lui survivrai pas! (*Il l'embrasse en criant.*)

LE COMTE, *effrayé.*

Des sels! des sels! *Susanne!* un million si vous la sauvez!

LÉON.

O malheureuse mère!

SUSANNE.

Madame, aspirez ce flacon. Soutenez-la, Monsieur; je vais tâcher de la dessèrer.

LE COMTE, *égaré.*

Romps tout, arrache tout! Ah! j'aurais dû la ménager!

LÉON, *criant avec délire.*

Elle est morte! elle est morte!

SCENE XVI.

LE COMTE, SUSANNE, LÉON, LA COMTESSE *évanouie,* FIGARO, *accourant.*

FIGARO.

Et qui, morte? Madame? Appaisez donc ces cris! c'est vous qui la ferez mourir! (*Il lui prend le bras.*) Non, elle ne l'est pas; ce n'est qu'une suffocation; le sang qui monte avec violence. Sans perdre temps, il faut la soulager. Je vais chercher ce qu'il lui faut.

LE COMTE, *hors de lui.*

Des ailes, *Figaro!* ma fortune est à toi.

FIGARO, *vivement.*

J'ai bien besoin de vos promesses lorsque Madame est en péril! (*Il sort en courant.*)

SCENE XVII.

LE COMTE, LÉON, LA COMTESSE *évanouie*, SUSANNE·

LÉON, *lui tenant le flacon sous le nez.*

Si l'on pouvait la faire respirer! O Dieu! rends-moi ma malheureuse mère!···· La voici qui revient····

SUSANNE, *pleurant.*

Madame! allons, Madame!····

LA COMTESSE, *revenant à elle.*

Ah! qu'on a de peine à mourir!

LÉON, *égaré.*

Non Maman; vous ne mourrez pas!

LA COMTESSE, *égarée.*

O Ciel! entre mes juges! entre mon époux et mon fils! Tout est connu···et criminelle envers tous deux··· (*Elle se jette à terre et se prosterne.*) Vengez-vous l'un et l'autre! il n'est plus de pardon pour moi! (*Avec horreur.*) Mère coupable! épouse indigne! un instant nous a tous perdus. J'ai mis l'horreur dans ma famille! J'allumai la guerre intestine entre le père et les enfans! Ciel juste! il fallait bien que ce crime fût découvert! Puisse ma mort expiér mon forfait!

G·4

LE COMTE, *au désespoir.*

Non, revenez à vous! votre douleur a déchiré mon âme! Asseyons-la. *Léon!*.... Mon Fils! (*Léon fait un grand mouvement.*) *Susanne*, asseyons-la.

(*Ils la remettent sur le fauteuil.*)

SCENE XVIII.

LES PRÉCÉDENS, FIGARO.

FIGARO, *accourant.*

ELLE a repris sa connaissance?

SUSANNE.

Ah Dieu! j'étouffe aussi. (*Elle se dessère.*)

LE COMTE *crie.*

Figaro! vos secours!

FIGARO, *étouffé.*

Un moment, calmez-vous. Son état n'est plus si pressant. Moi qui étais dehors, grand Dieu! je suis rentré bien à propos!···· Elle m'avait fort effrayé! Allons, Madame, du courage!

LA COMTESSE, *priant, renversée.*

Dieu de bonté! fais que je meure!

LÉON, *en l'asseyant mieux.*

Non, Maman, vous ne mourrez pas, et nous répare-
rons nos torts. Monsieur! vous que je n'outragerai plus
en vous donnant un autre nom, reprenez vos titres, vos
biens; je n'y avais nul droit : hélas! je l'ignorais. Mais,
par pitié, n'écrâsez point d'un déshonneur public cette
infortunée qui fut vôtre···· Une erreur expiée par vingt
années de larmes, est-elle encore un crime, alors qu'on
fait justice? Ma mère et moi, nous nous bannissons de
chez vous.

LE COMTE, *exalté.*

Jamais! vous n'en sortirez point.

LÉON.

Un couvent sera sa retraite; et moi, sous mon nom
de *Léon*, sous le simple habit d'un soldat, je défendrai
la liberté de notre nouvelle Patrie. Inconnu, je mourrai
pour elle, ou je la servirai en zélé citoyen.

(*Susanne pleure dans un coin ; Figaro est absorbé dans
l'autre.*)

LA COMTESSE, *péniblement.*

Léon! mon cher enfant! ton courage me rend la vie!
Je puis encore la supporter, puisque mon fils a la vertu
de ne pas détester sa mère. Cette fierté dans le malheur
sera ton noble patrimoine. Il m'épousa sans biens; n'exi-
geons rien de lui. Le travail de mes mains soutiendra ma
faible existence; et toi, tu serviras l'Etat.

LE COMTE, *avec désespoir.*

Non, *Rosine!* jamais. C'est moi qui suis le vrai coupable! de combien de vertus je privais ma triste vieillesse!....

LA COMTESSE.

Vous en serez enveloppé. --- *Florestine* et *Bégearss* vous restent. *Floresta*, votre fille, l'enfant chéri de votre cœur! .....

LE COMTE, *étonné*

Comment ?..... d'où savez-vous?.... qui vous l'a dit ?.....

LA COMTESSE.

Monsieur donnez-lui tous vos biens, mon fils et moi n'y mettrons point d'obstacle; son bonheur nous consolera. Mais, avant de nous séparer, que j'obtienne au moins une grace! Apprenez-moi comment vous êtes possesseur d'une terrible lettre que je croyais brûlée avec les autres? Quelqu'un m'a-t-il trahie?

FIGARO, *s'écriant.*

Oui! l'infâme *Bégearss* : je l'ai surpris tantôt qui la remettait à Monsieur.

LE COMTE, *parlant vîte.*

Non, je la dois au seul hasard. Ce matin, lui et moi, pour un tout autre objet, nous examinions votre écrin, sans nous douter qu'il eût un double fond. Dans le débat et sous ses doigts, le secret s'est ouvert soudain; à son très-grand étonnement. Il a cru le coffre brisé!

FIGARO, *criant plus fort.*

Son étonnement d'un secret? Monstre! C'est lui qui l'a fait faire!

LE COMTE.

Est-il possible?

LA COMTESSE.

Il est trop vrai!

LE COMTE.

Des papiers frappent nos regards; il en ignorait l'existence, et, quand j'ai voulu les lui lire, il a refusé de les voir.

SUSANNE, *s'écriant.*

Il les a lus cent fois avec Madame!

LE COMTE.

Est-il vrai? Les connaissait-il?

LA COMTESSE.

Ce fut lui qui me les remit, qui les apporta de l'armée, lorsqu'un infortuné mourut.

LE COMTE.

Cet ami sûr, instruit de tout?.....

FIGARO, LA COMTESSE, SUSANNE, *ensemble, criant.*

C'est lui!

LE COMTE.

O scélératesse infernale! avec quel art il m'avait engagé! A présent je sais tout.

FIGARO.

Vous le croyez!

LE COMTE.

Je connais son affreux projet. Mais, pour en être plus certain, déchirons le voile en entier. Par qui savez-vous donc ce qui touche ma *Florestine?*

LA COMTESSE, *vîte.*

Lui seul m'en a fait confidence.

LÉON, *vîte.*

Il me l'a dit sous le secret.

SUSANNE, *vîte.*

Il me l'a dit aussi.

LE COMTE, *avec horreur.*

O monstre! Et moi j'allais la lui donner! mettre ma fortune en ses mains!

FIGARO, *vivement.*

Plus d'un tiers y serait déjà, si je n'avais porté, sans vous le dire, vos trois millions d'or en dépôt chez M. *Fal:* vous alliez l'en rendre le maître, heureusement je m'en suis douté. Je vous ai donné son reçu....

LE COMTE, *vivement.*

Le scélérat vient de me l'enlever, pour en aller toucher la somme.

FIGARO, *désolé.*

O proscription sur moi! Si l'argent est remis, tout ce que j'ai fait est perdu! Je cours chez M. *Fal.* Dieu veuille qu'il ne soit pas trop tard!

LE COMTE, à *Figaro.*

Le traître n'y peut être encore.

FIGARO.

S'il a perdu un temps, nous le tenons. J'y cours. (*Il veut sortir.*)

LE COMTE, *vivement, l'arrête.*

Mais, *Figaro!* que le fatal secret dont ce moment vient de t'instruire, reste enseveli dans ton sein?

FIGARO, *avec une grande sensibilité.*

Mon maître! il y a vingt ans qu'il est dans ce sein-là, et dix que je travaille à empêcher qu'un monstre n'en abuse! Attendez sur-tout mon retour, avant de prendre aucun parti.

LE COMTE, *vivement.*

Penserait-il se disculper?

FIGARO.

Il fera tout pour le tenter; (*Il tire une lettre de sa poche.*) mais voici le préservatif. Lisez le contenu de cette épouvantable lettre; le secret de l'enfer est là. Vous me saurez bon gré d'avoir tout fait pour me la procurer. (*Il lui remet la lettre de Bégearss.*) Susanne! des goutes à ta maîtresse! Tu sais comment je les prépare! (*Il lui donne un flacon.*) Passez là sur sa chaise longue; et le plus grand calme autour d'elle. Monsieur, au moins, ne recommencez pas; elle s'éteindrait dans nos mains!

LE COMTE, *exalté.*

Recommencer! Je me ferais horreur!

F I G A R O, à la Comtesse.

Vous l'entendez, Madame? le voilà dans son caractère!
et c'est mon maître que j'entends. Ah! je l'ai toujours dit
de lui : la colère, chez les bons cœurs, n'est qu'un besoin
pressant de pardonner! (*Il s'enfuit.*)

(*Le Comte et Léon la prennent sous les bras; ils sortent
tous.*)

FIN DU QUATRIÈME ACTE.

ACTE V.

Le Théâtre représente le grand salon du premier acte.

SCÈNE PREMIÈRE.

LE COMTE, LA COMTESSE, LÉON, SUSANNE.

(La Comtesse, sans rouge, dans le plus grand désordre de parure.)

LÉON, *soutenant sa mère.*

IL fait trop chaud, maman, dans l'appartement intérieur. *Susanne,* avance une bergère. (*On l'assied.*)

LE COMTE *attendri, arrangeant les coussins.*

Êtes-vous bien assise ? Eh quoi ! pleurer encore ?

LA COMTESSE *accablée.*

Ah ! laissez-moi verser des larmes de soulagement ! ces récits affreux m'ont brisée ! cette infâme lettre, sur-tout....

LE COMTE *délirant.*

Marié en Irlande, il épousait ma fille ! et tout mon bien placé sur la banque de *Londres,* eût fait vivre un repaire affreux, jusqu'à la mort du dernier de nous tous !.... Et qui sait, grand Dieu ! quels moyens ?....

LA COMTESSE.

Homme infortuné! calmez-vous! Mais il est temps de faire descendre *Florestine*; elle avait le cœur si serré de ce qui devait lui arriver! Vas la chercher *Susanne*, et ne l'instruis de rien.

LE COMTE, *avec dignité.*

Ce que j'ai dit à *Figaro*, *Susanne*, était pour vous, comme pour lui?

SUSANNE.

Monsieur, celle qui vit madame pleurer, prier pendant vingt ans, a trop gémi de ses douleurs, pour rien faire qui les accroisse! (*Elle sort.*)

SCENE II.

LE COMTE, LA COMTESSE, LEON.

LE COMTE, *avec un vif sentiment.*

AH! Rosine! sèchez vos pleurs; et maudit soit qui vous affligera!

LA COMTESSE.

Mon fils! embrasse les genoux de ton généreux protecteur; et rends-lui grace pour ta mère. (*Il veut se mettre à genoux.*)

LE COMTE *le relève.*

Oublions le passé, *Léon*. Gardons-en le silence, et n'émouvons plus votre mère. *Figaro* demande un grand calme.

calme.) Ah! respectons, sur-tout, la jeunesse de *Flores-tine*, en lui cachant soigneusement les causes de cet accident!

SCENE III.

FLORESTINE, SUSANNE, LES PRÉCÉDENS.

FLORESTINE, *accourant.*

MON Dieu! Maman, qu'avez-vous donc?

LA COMTESSE.

Rien que d'agréable à t'apprendre; et ton parain va t'en instruire.

LE COMTE.

Hélas! ma Florestine! je frémis du péril où j'allais plonger ta jeunesse. Grace au Ciel, qui dévoile tout, tu n'épouseras point *Bégearss!* Non; tu ne seras point la femme du plus épouvantable ingrat!.......

FLORESTINE.

Ah! Ciel! Léon!.....

LÉON.

Ma sœur, il nous a tous joués!

FLORESTINE, *au Comte.*

Sa Sœur!

LE COMTE.

Il nous trompait. Il trompait les uns pat es autres; et tu

H

étais le prix de ses horribles perfidies. Je vais le chasser de chez moi.

LA COMTESSE.

L'instinct de ta frayeur te servait mieux que nos lumières. Aimable enfant! rends grace au Ciel, qui te sauve d'un tel danger!

LÉON.

Ma sœur, il nous a tous joués!

FLORESTINE, *au Comte.*

Monsieur, il m'appèle sa sœur!

LA COMTESSE, *exaltée.*

Oui *Floresta*, tu es à nous. C'est-là notre secret chéri. Voilà ton père; voilà ton frère; et moi je suis ta mère pour la vie. Ah! garde-toi de l'oublier jamais! (*Elle tend la main au Comte.*) Almaviva! pas-vrai qu'elle est *ma fille?*

LE COMTE, *exalté.*

Et lui, *mon fils;* voilà nos deux enfans. (*Tous se serrent dans les bras l'un de l'autre.*)

SCÈNE IV.

FIGARO, M. FAL, *Notaire,* LES PRÉCÉDENS.

FIGARO, *accourant et jettant son manteau.*

MALÉDICTION! Il a le porte-feuille. J'ai vu le traître l'emporter, quand je suis entré chez Monsieur.

LE COMTE.

O Monsieur Fal! vous vous êtes pressé!

M. FAL, *vivement.*

Non, Monsieur, au contraire. Il est resté plus d'une heure avec moi : m'a fait achever le contrat, y insérer la donation qu'il fait. Puis il m'a remis mon reçu, au bas duquel était le vôtre; en me disant que la somme est à lui; qu'elle est un fruit d'hérédité; qu'il vous l'a remise en confiance·····

LE COMTE.

O scélérat! Il n'oublie rien!

FIGARO.

Que de trembler sur l'avenir!

M. FAL.

Avec ces éclaircissemens, ai-je pu refuser le porte-feuille qu'il exigeait? Ce sont trois millions au porteur. Si vous rompez le mariage, et qu'il veuille garder l'argent; c'est un mal presque sans remède.

LE COMTE, *avec véhémence.*

Que tout l'or du monde périsse; et que je sois débarassé de lui!

FIGARO, *jettant son chapeau sur un fauteuil.*

Dussé-je être pendu; il n'en gardera pas une obole! (*A Susanne.*) Veille au dehors, *Susanne.* (*Elle sort.*)

M. FAL.

Avez-vous un moyen de lui faire avouer devant de bons

témoins, qu'il tient ce trésor de Monsieur? Sans cela, je défie qu'on puisse le lui arracher!

FIGARO.

S'il apprend par son allemand, ce qui se passe dans l'hôtel, il n'y rentrera plus.

LE COMTE, *vivement.*

Tant mieux! c'est tout ce que je veux! Ah! qu'il garde le reste!

FIGARO, *vivement.*

Lui laisser par dépit l'héritage de vos enfans? ce n'est pas vertu, c'est faiblesse.

LÉON *fâché.*

Figaro!

FIGARO *plus fort.*

Je ne m'en dédis point. (*Au Comte.*) Qu'obtiendra donc de vous l'attachement, si vous payez ainsi la perfidie?

LE COMTE *se fâchant.*

Mais, l'entreprendre sans succès; c'est lui ménager un triomphe·····

SCÈNE V.

LES PRÉCÉDENS, SUSANNE.

SUSANNE *à la porte, et criant.*

Monsieur *Bégearss* qui rentre! (*Elle sort.*)

SCÈNE VI.

LES PRÉCÉDENS, *excepté* SUSANNE,

(*Ils font tous un grand mouvement.*)

LE COMTE, *hors de lui.*

OH! traître!

FIGARO, *très-vite.*

On ne peut plus se concerter; mais si vous m'écoutez, et me secondez tous, pour lui donner une sécurité profonde; j'engage ma tête au succès.

M. FAL.

Vous allez lui parler du porte-feuille et du contrat?

FIGARO, *très-vite.*

Non pas; il en sait trop pour l'entammer si brusquement! il faut l'amener de plus loin à faire un aveu volontaire. (*Au Comte.*) Feignez de vouloir me chasser.

LE COMTE, *troublé.*

Mais; mais, sur quoi?

SCÈNE VII.

LES PRÉCÉDENS, SUSANNE, BÉGEARSS.

SUSANNE, *accourant.*

MONSIEUR *Bégeaaaaaaarss!* (*Elle se range près de la Comtesse.*

BÉGEARSS. *montre une grande surprise.*

FIGARO, *s'écrie, en le voyant.*

Monsieur *Bégearss!* (*humblement.*) Eh bien! ce n'est qu'une humiliation de plus. Puisque vous attachez à l'aveu de mes torts le pardon que je sollicite ; j'espère que Monsieur ne sera pas moins généreux.

BÉGEARSS, *étonné.*

Qu'y a-t-il donc ? Je vous trouve assemblés!

LE COMTE, *brusquement.*

Pour chasser un sujet indigne.

BÉGEARSS, *plus surpris encore, voyant le Notaire.*

Et Monsieur *Fal?*

M. FAL, *lui montrant le contrat.*

Voyez qu'on ne perd point de temps, tout ici concourt avec vous.

BÉGEARSS, *surpris.*

Ha! ha!......

LE COMTE, *impatient, à Figaro.*

Pressez-vous; ceci me fatigue.

(*Pendant cette scène, Bégearss les examine l'un après l'autre, avec la plus grande attention.*)

FIGARO, *l'air suppliant, adressant la parole au Comte.*

Puisque la feinte est inutile ; achevons mes tristes aveux. Oui, pour nuire à Monsieur *Bégearss*, je répète avec confusion, que je me suis mis à l'épier, le suivre, et le troubler par-tout : (*au Comte*) car Monsieur n'avait pas sonné, lorsque je suis entré chez lui, pour savoir ce qu'on y fesait du coffre aux brillans de Madame, que j'ai trouvé-là tout ouvert.

BÉGEARSS.

Certes ! ouvert à mon grand regret !

LE COMTE, *fait un mouvement inquiétant.*

(*A part.*) Quelle audace !

FIGARO, *se courbant, le tire par l'habit pour l'avertir.*

Ah ! mon Maître !

M. FAL, *effrayé.*

Monsieur !

BÉGEARSS, *au Comte, (à part.)*

Modérez-vous ; ou nous ne sçaurons rien.

LE COMTE, *frappe du pied.*

BÉGEARSS, *l'examine.*

FIGARO, *soupirant, dit au Comte.*

C'est ainsi que sachant Madame enfermée avec lui, pour brûler de certains papiers dont je connaissais l'impor-tance ; je vous ai fait venir subitement.

BÉGEARSS, *au Comte.*

Vous l'ai-je dit ?

LE COMTE, *mord son mouchoir de fureur.*

SUSANNE, *bas à Figaro. (par derrière.)*

Achève, achève !

FIGARO.

Enfin vous voyant tous d'accord, j'avoue que j'ai fait l'impossible pour provoquer entre Madame et vous la vive explication····· qui n'a pas eu la fin que j'espérais·····

LE COMTE, *à Figaro, avec colère.*

Finissez-vous ce plaidoyer?

FIGARO, *bien humble.*

Hélas! je n'ai plus rien à dire; puisque c'est cette explication qui a fait chercher Monsieur *Fal*, pour finir ici le contrat. L'heureuse étoile de Monsieur a triomphé de tous mes artifices····· Mon maître! en faveur de trente ans·····

LE COMTE, *avec humeur.*

Ce n'est pas à moi de juger. (*Il marche vîte.*)

FIGARO.

Monsieur *Bégearss!*····

BÉGEARSS, *qui a repris sa sécurité, dit ironiquement.*

Qui! moi? cher ami, je ne comptais guères vous avoir tant d'obligations! (*Elevant son ton.*) Voir mon bonheur accéléré par le coupable effort destiné à me le ravir! (*A Léon et Florestine.*) O jeunes gens! quelle leçon! marchons avec candeur dans le sentier de la vertu. Voyez que tôt ou tard l'intrigue est la perte de son auteur.

FIGARO, *prosterné.*

Ah! oui!

BÉGEARSS, *au Comte.*

Monsieur, pour cette fois encore, et qu'il parte!

LE COMTE, *à Bégearss, durement.*

C'est-là votre arrêt?····· j'y souscris.

FIGARO, *ardemment.*

Monsieur *Bégearss!* je vous le dois. Mais je vois M. *Fal* pressé d'achever un contrat·····

LE COMTE, *brusquement.*

Les articles m'en sont connus.

M. FAL.

Hors celui-ci. Je vais vous lire la donation que Monsieur fait... (*cherchant l'endroit.*) M., M., M., Messire *James-Honoré Bégearss*···· Ah! (*il lit*) « et pour donner
» à la Demoiselle future épouse, une preuve non équi-
» voque de son attachement pour elle; ledit Seigneur
» futur époux lui fait donation entière de tous les grands
» biens qu'il possède; consistant aujourd'hui, (*il appuie*
» *en lisant*) (ainsi qu'il le déclare, et les a exhibés à
» nous Notaires soussignés), en trois millions d'or ici
» joints, en très-bons effets au porteur. » (*Il tend la main en lisant.*)

BÉGEARSS.

Les voilà dans ce porte-feuille. (*Il donne le porte-feuille à Fal.*) Il manque deux milliers de louis, que je viens d'en ôter pour fournir aux apprêts des noces.

FIGARO *montrant le Comte, et vivement.*

Monsieur a décidé qu'il paierait tout; j'ai l'ordre.

BÉGEARSS, *tirant les effets de sa poche et les re-
mettant au notaire.*

En ce cas enregistrez-les; que la donation soit entière!

FIGARO *retourné, se tient la bouche pour ne pas rire.*

M. FAL *ouvre le porte-feuille, y remet les effets.*

M. FAL *montrant Figaro.*

Monsieur va tout additionner, pendant que nous achève-
rons. (*Il donne le porte - feuille ouvert à Figaro; qui,
voyant les effets, dit :*)

FIGARO, *l'air exalté.*

Et moi j'éprouve qu'un bon repentir est comme toute
bonne action; qu'il porte aussi sa récompense.

BÉGEARSS.

En quoi?

FIGARO.

J'ai le bonneur de m'assurer qu'il est ici plus d'un généreux homme. Oh! que le Ciel comble les vœux de
deux amis aussi parfaits! Nous n'avons nul besoin d'é-
crire. (*Au Comte.*) Ce sont vos effets au porteur: oui
Monsieur, je les reconnais. Entre M. *Bégearss* et vous,
c'est un combat de générosité; l'un donne ses biens à
l'époux; l'autre les rend à sa future! (*Aux jeunes gens.*)
Monsieur, Mademoiselle! Ah! quel bienfaisant protecteur, et que vous allez le chérir······ Mais, que dis-je?
l'enthousiasme m'aurait-il fait commettre une indiscrétion
offensante? (*Tout le monde garde le silence.*)

BÉGEARSS, *un peu surpris, se remet ; prend son parti, et dit :*

Elle ne peut l'être pour personne, si mon ami ne la désavoue pas ; s'il met mon âme à l'aise, en me permettant d'avouer qne je tiens de lui ces effets. Celui-là n'a pas un bon cœur, que la gratitude fatigue ; et cet aveu manquait à ma satisfaction. (*montrant le Comte.*) Je lui dois bonheur et fortune ; et quand je les partage avec sa digne fille, je ne fais que lui rendre ce qui lui appartient de droit. Remettez-moi le porte - feuille ; je ne veux avoir que l'honneur de le mettre à ses pieds moi-même, en signant notre heureux contrat. (*Il veut le reprendre.*)

FIGARO, *sautant de joie.*

Messieurs, vous l'avez entendu ? vous témoignerez s'il le faut. Mon maître, voilà vos effets, donnez-les à leur détempteur, si vôtre cœur l'en juge digne. (*Il lui remet le porte-feuille.*)

LE COMTE, *se levant, à Bégearss.*

Grand Dieu ! les lui donner ! homme cruel sortez de ma maison ; l'enfer n'est pas aussi profond que vous ! grâce à ce bon vieux serviteur, mon imprudence est réparée : sortez à l'instant de chez moi.

BÉGEARSS.

O mon ami ! vous êtes encore trompé !

LE COMTE, *hors de lui, le bride de sa lettre ouverte.*

LE COMTE.

Et cette lettre, Monstre ! m'abuse-t-elle aussi ?

BÉGEARSS *la voit ; furieux, il arrache au Comte la
lettre, et se montre tel qu'il est.*

Ah !···· Je suis joué ! mais j'en aurai raison.

LÉON.

Laissez en paix une famille que vous avez remplie
d'horreur.

BÉGEARSS *furieux.*

Jeune insensé ! c'est toi qui vas payer pour tous ; je
t'appelle au combat.

LÉON, *vite.*

J'y cours.

LE COMTE, *vite.*

Léon !

LA COMTESSE, *vite.*

Mon fils !

FLORESTINE, *vite.*

Mon frère !

LE COMTE.

Léon ! Je vous défends····· (*à Bégearss*) Vous vous
êtes rendu indigne de l'honneur que vous demandez : Ce
n'est point par cette voie-là qu'un homme comme vous
doit terminer sa vie.

BÉGEARSS *fait un geste affreux, sans parler.*

FIGARO, *arrêtant Léon, vivement.*

Non, jeune homme ! vous n'irez point ; Monsieur votre
père a raison, et l'opinion est réformée sur cette horrible
frénésie ; on ne combattra plus ici que les ennemis de l'état.
Laissez-le en proie à sa fureur ; et s'il ose vous attaquer,

défendez-vous comme d'un assassin ; personne ne trouve mauvais qu'on tue une bête enragée ! mais il se gardera de l'oser ; l'homme capable de tant d'horreurs doit être aussi lâche que vil !

BÉGEARSS *hors de lui.*

Malheureux !

LE COMTE, *frappant du pied.*

Nous laissez - vous enfin ? c'est un supplice de vous voir. (*La Comtesse est effrayée sur son siége ; Florestine et Susanne la soutiennent ; Léon se réunit à elles.*)

BÉGEARSS, *les dents serrées.*

Oui morbleu ! je vous laisse ; mais j'ai la preuve en main de votre infâme trahison ! vous n'avez demandé l'agrément de Sa Majesté, pour échanger vos biens d'Espagne, que pour être à portée de troubler sans péril l'autre côté des pyrénées.

LE COMTE.

O monstre ! que dit-il ?

BÉGEARSS.

Ce que je vais dénoncer à *Madrid.* N'y eût-il que le buste en grand d'un *Washington*, dans votre cabinet ; j'y fais confisquer tous vos biens.

FIGARO *criant.*

Certainement ; le tiers au dénonciateur.

BÉGEARSS.

Mais, pour que vous n'échangiez rien, je cours chez

notre ambassadeur arrêter dans ses mains l'agrément de Sa Majesté, que l'on attend par ce courrier.

FIGARO, *tirant un paquet de sa poche, s'écrie vivement :*

L'agrément du Roi? le voici; j'avais prévu le coup; je viens, de votre part, d'enlever le paquet au secrétariat d'ambassade; le courrier d'Espagne arrivait!

LE COMTE, *avec vivacité, prend le paquet.*

BÉGEARSS *furieux, frappe sur son front, fait deux pas pour sortir et se retourne.*

Adieu, famille abandonnée! maison sans mœurs et sans honneur! Vous aurez l'impudeur de conclure un mariage abominable, en unissant le frère avec la sœur : mais l'univers saura votre infâmie !   (*Il sort.*)

SCÈNE VIIIe. ET DERNIÈRE.

LES PRÉCÉDENS, *excepté* BÉGEARSS.

FIGARO *follement.*

Qu'il fasse des libelles! dernière ressource des lâches! il n'est plus dangereux; bien démasqué : à bout de voie, et pas vingt-cinq louis dans le monde! Ah Monsieur *Fal!* je me serais poignardé s'il eût gardé les deux mille louis qu'il avait soustraits du paquet! (*Il reprend un ton grave.*) D'ailleurs, nul ne sait mieux que lui, que par la nature et la loi, ces jeunes gens ne se sont rien; qu'ils sont étrangers l'un à l'autre.

LE COMTE *l'embrasse et crie:*

O *Figaro!*.... Madame, il a raison.

LÉON, *très-vîte.*

Dieux! Maman! quel espoir!

FLORESTINE, *au Comte.*

Eh quoi! Monsieur, n'êtes-vous plus ....

LE COMTE, *ivre de joie.*

Mes enfans, nous y reviendrons; et nous consulterons, sous des noms supposés, des gens de loi, discrets, éclairés, pleins d'honneur. O mes enfans! il vient un âge où les honnêtes gens se pardonnent leurs torts, leurs anciennes foiblesses! font succéder un doux attachement aux passions orageuses qui les avaient trop désunis. *Rosine!* (c'est le nom que votre époux vous rend.) allons nous reposer des fatigues de la journée. *Monsieur Fal!* restez avec nous. Venez mes deux enfans! ----- *Susanne,* embrasse ton mari! et que nos sujets de querelles soient ensevelis pour toujours! (*à Figaro.*) Les deux mille louis qu'il avait soustraits, je te les donne, en attendant la récompense qui t'est bien dûe!....

FIGARO, *vivement.*

A moi, Monsieur? non s'il vous plait; moi, gâter par un vil salaire, le bon service que j'ai fait? ma récompense est de mourir chez vous. Jeune, si j'ai failli souvent;

que ce jour acquitte ma vie ! O ma vieillesse ! pardonne
à ma jeunesse, elle s'honorera de toi. Un jour a changé
notre état ! plus d'oppresseur , d'hypocrite insolent !
Chacun a bien fait son devoir : ne plaignons point quelques momens de trouble ; on gagne assez dans les familles quand on en expulse un méchant.

FIN DU CINQUIÈME ET DERNIER ACTE.

www.ingramcontent.com/pod-product-compliance
Lightning Source LLC
Chambersburg PA
CBHW060148100426
42744CB00007B/949